U0085361

世紀人物100

一統中國

秦始皇

景崇蘭　著

三民書局

獻給孩子們的禮物

主編的話

　　世界上最幸福的孩子，是他們一出生就有機會接近故事書，想想看，那些書中的人物，不論古今中外都來到了眼前，與他們相識，不僅分享了各個人物生活中的點滴，孩子們的想像力也隨著書中的故事情節飛翔。

　　不論世界如何演變，科技如何發達，孩子一世幸福的起源，仍然來自於父母的影響，如果每一個孩子都能從小在父母親的懷抱中，傾聽故事，共享閱讀之樂，長大後養成了閱讀習慣，這將是一生中享用不盡的財富。

　　三民書局的劉振強董事長，想必也是一位深信讀書是人生最大財富的人，在讀書人口往下滑落的多元化時代，他仍然堅信讀書的重要，近年來，更不計成本，連續出版了特別為孩子們策劃的兒童文學叢書，從「文學家」、「藝術家」、「音樂家」、「影響世界的人」系列到「童話小天地」、「第一次」系列，至今已出版了近百本，這僅是由筆者主編出版的部分叢書而已，若包括其他兒童詩集及套書，三民書局已出版不下千百種的兒童讀物。

　　劉董事長也時常感念著，在他困苦貧窮的青少年時期，是書使他堅強向上，在社會普遍困苦，而生活簡陋的年代，也是書成了他最好的良伴，他希望在他的有生之年，分享這份資產，讓下一代可以充分使用，讓親子共讀的親情，源遠流長。

　　「世紀人物100」系列早就在他的關切中構思著，希望能出版

孩子們喜歡而且一生難忘的好書。近年來筆者放下一切寫作，接下這份主編重任，並結合海內外有心兒童文學的作者共同為下一代效力，正是感動於劉董事長致力文化大業的真誠之心，更欣喜許多志同道合的朋友，能與我一起為孩子們寫書。

「世紀人物 100」系列規劃出版一百位人物故事，中外各占五十人，包括了在歷史上有關文學、藝術、人文、政治與科學等各行各業有貢獻的人物故事，邀請國內外兒童文學領域專業的學者、作家同心協力編寫，費時多年，分梯次出版。在越來越多元化的世界中，每個人都有各自的才華與潛力，每個朝代也都有其可歌可泣的故事，但是在故事背後所具有的一個共同點，就是每個傳主在困苦中不屈不撓，令人難忘的經歷，這些經歷經由各作者用心博覽有關資料，再三推敲求證，再以文學之筆，寫出了有趣而感人的故事。

西諺有云：「世界因有各式各樣不同的人群，才更加多彩多姿。」這套書就是以「人」的故事為主旨，不刻意美化傳主，以每一位傳主的生活經歷為主軸，深入描寫他們成長的環境、家庭教育與童年生活，深入探索是什麼因素造成了他們與眾不同？是什麼力量驅動了他們鍥而不捨的毅力？以日常生活中的小故事，來描繪出這些人物，為什麼能使夢想成真。為了引起小讀者的興趣，特別著重在各傳主的童年生活描述，希望能引起共鳴。尤其在閱讀這些作品時，能於心領神會中得到靈感。

和一般從外文翻譯出來的偉人傳記所不同的是，此套書的特色是，由熟悉兒童文學又關心教育的作者用心收集資料，用有趣的故

事，融入知識，並以文學之筆，深入淺出寫出適合小朋友與大朋友閱讀的人物傳記。在探討每位人物的內在心理因素之餘，也希望讀者從閱讀中，能激勵出個人內在的潛力和夢想。我相信每個孩子在年少時都會發呆做夢，在他們發呆和做夢的同時，書是他們最私密的好友，在閱讀中，沒有批判和譏諷，卻可隨書中的主人翁，海闊天空一起遨遊，或狂想或計畫，而成為心靈知交，不僅留下年少時，從閱讀中得到的神交良伴（一個回憶），如果能兩代共讀，讀後一起討論，綿綿相傳，留下共同回憶，何嘗不是一幅幸福的親子圖？

2006 年，我們升格成為祖字輩，有一位朋友提了滿滿兩袋的童書相送，一袋給新科父母，一袋給我們。老友是美國國家科學院院士，曾擔任過全美閱讀評估諮議委員，也是一位慈愛的好爺爺，深信閱讀對人生的重要。他很感性的說：「不要以為娃娃聽不懂故事，我的孫兒們一出生就聽我們唸故事書，長大後不僅愛讀書而且想像力豐富，尤其是文字表達能力特別強。」我完全同意，並欣然接受那兩袋最珍貴的禮物。

因為我們同樣都是愛讀書、也深得讀書之樂的人。

謹以此套「世紀人物 100」叢書送給所有愛讀書的孩子和家庭，以及我們的孫兒——石開文，他們都是世界上最幸福的孩子，因為從小有書為伴，與愛同行。

不愛念書的我，卻相當喜歡思考。總是想著兩件事情的關聯在哪裡？人做這件事的動機為何？這樣的結果合理不合理？對我的影響又是什麼？在思考的過程中我往往感到既充實又刺激。當然，很多時候我只是一個人靜靜的想，所以常會走進死胡同裡，問題沒得到解決，反而又產生更多疑惑。漸漸的，我發現多讀書和廣交益友是兩件相當值得的事，「讀書」能讓我有耐心、有信心的去想，而不流於天馬行空，自然也可避免少見多怪。文字和大腦的配合，能讓我在某些情境之下自然而然的想起書中的某段文字或描述以作為呼應，這種現象與其說是科學，倒不如說是奇蹟。「結交益友」的樂趣在於討論的過程以及獲得結論，這使我們在學習的過程當中不至於感到孤立無援以及單調乏味，正所謂「獨學而無友，則孤陋而寡聞」。雖然有時討論最終不了了之，但是我們和朋友之間的感情似乎因此而更為緊密。

初中時，我閱讀荷馬的《伊利亞得》、《奧德賽》以及大仲馬的《三劍客》，深受高潮迭起的情節所吸引。高中時，我看《希臘羅馬神話》以及各國傳奇（《亞瑟王》、《尼貝龍根之歌》以及《摩訶婆羅達》），看眾神和君王在權力與慾望之間掙扎，並想像人物的面

貌神態與動作。大學時，我翻覽人物傳記，尤其喜愛「帝王后妃」的傳奇故事，這些遙不可及的人物，如今竟是如此唾手可得，有關他們的記載整齊的陳列在架上，供人取閱，每思及此，我不禁莞爾，同時也感到人的壽命有限，若是不曾努力的為這個世界留下些什麼的話，那麼，生活的意義在哪裡呢？

為何我偏愛閱讀「歷史」（我同時也喜歡收看歷史劇）？真正的原因連我自己都不知道！但是我認為歷史可以被「記錄」、「閱讀」和「解釋」，堪稱是人類的福氣。接觸歷史故事，會引發我觀察周遭環境的興趣，雖然我知道今非昔比、與時俱進的道理，不過我常常還是認為這些古人在許多地方都比我們高明得多。

我也曾疑惑，這些歷史人物的形象和事蹟是否真實無誤呢？所謂的「歷史」是否經過歷史學家與文學家的誇飾或隱瞞呢？遺憾的是，答案是肯定的。基於這樣的認知，某些人選擇站在純粹欣賞的角度來看待歷史事件，而某些人則窮其一生進行史料的考證。然而對我而言，這些都無關緊要，作為一個純粹對歷史感興趣的人來說，我更重視的是維持閱讀的興趣。況且歷史經過太多的評價和討論，而認真的學生又何其辛苦，必須消化各家學說，整日忙著記憶和準備考試，遑論對歷史的喜愛與否了。所以我認為，最好先有自己的認知和判斷，再參考他人的說法，或許就能接近所謂的客觀吧。

大三那年的暑假，母親帶我遊覽北京的八達嶺長城。八達嶺是鄰近居雍關的一座山峰，最著名的景點是這一帶的長城，這是至今保存最好、最完整的一段明代長城。無奈入口兩旁盡是高聲叫賣的攤販與滿地的垃圾，破壞了畫面。一入關，「不到長城非好漢」幾個大字豁然跳躍到眼前，然而如此響亮的號召，卻因為豔陽和擁擠的人潮，而沒發揮多少作用。許多人只是找了個地方乘涼，喝起可口可樂，或許是想：反正也算是「踩」到了長城，成了好漢啦！我們這群人則是挽起褲管，開始攀登長城。一開始我們莫不是卯足了全力的走，後來許多人敗下陣來，也就坐在關口休憩看風景，而我也不知是哪裡來的鬥志與衝勁，硬是繼續往上爬，當下只覺得涼風颼颼，很舒服，一直爬到了第七嶺，我還是禁不住小腿開始「打結」而作罷了。駐足往下看，如此綿延不絕的長城，給我不小的震撼。而我是何其有幸，能登臨其上，極目望遠。

就是這個震撼，讓我選擇了寫作《一統中國：秦始皇》這本小書。我面對的是一個惴惴不安的孩童，一個好大喜功的男人和一個猜疑怕死的老人。下筆時，我陷入了一個困境，若是展開歷史小說式的寫法，恐怕我會因為嚴重缺乏才情及想像力，畫虎不成反類犬；如果單純陳列史料和解釋名詞，是否又嫌生硬而難以消化？最後，我只能折衷，選擇以第三人稱的觀點展開敘述，描繪圍繞傳主的眾多歷史事件，而希望能凸顯他的性格和功績，使讀者對他能夠有一個大略的認識，至於思考和評價的樂趣，就留給讀者們吧！

秦始皇其人其事，最早見於西漢司馬遷《史記·秦始皇本紀》。

然而，二千年的時空阻隔，司馬遷所描述的秦始皇是否真實？其中許多細節我們尚無法求證。1974 年陝西省西安縣出土的秦兵馬俑，雖然尚不足以作為論證其人其事的直接證據，然而對秦始皇好大喜功同時畏懼死亡的矛盾性格，無疑是一有力的顯示。無論是壯觀的兵馬俑，抑或是名列世界奇蹟的萬里長城，都向我們述說著秦王朝的不凡氣象和始皇帝的睥睨傲視。

　　這是我寫的第一本書，或許只能稱得上是一部讀書筆記吧，難免有些許謬誤和自以為是的看法，就請大家多多指正。然而這本小書若是能引起讀者對秦始皇這個人物的興趣，那就是我感到驕傲的事了！

　　最後請切記！我們正活在歷史之中，同時也創造歷史。

寫書的人

景崇蘭

　　1980 年生，臺灣屏東縣人，金牛座 B 型。東吳大學中文系、臺灣師範大學國文研究所畢業。喜愛歷史、文學、音樂與電影，認為閱讀、思考和朋友三者缺一不可。近程計畫是多多充實自己，以備日後周遊列國之用；終極計畫則是做好人好事，希望百年之後能通往極樂世界。

一統中國

秦始皇。

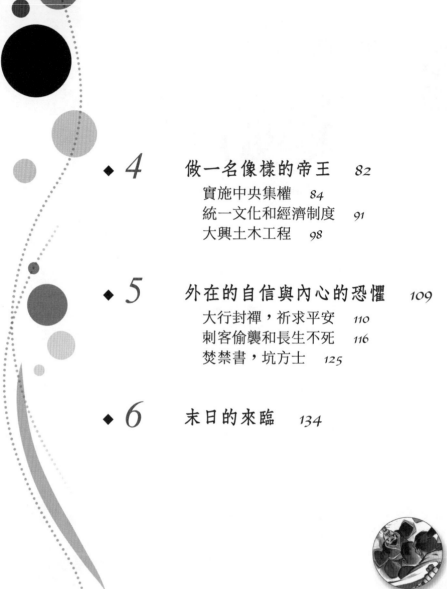

世紀人物 100

秦始皇

前259～前210

從養馬之地
到戰國七雄

　　在西周和東周的「春秋時期」，當其他中原大國的領袖紛紛受到周天子冊封之時，秦國只不過是個位於遙遠西方，被人看不起的野蠻國家。但秦國暗自充實國力，到了「戰國時代」一躍成為戰國七雄之首。

　　秦始皇嬴政出生的時候，正是群雄割據的戰國時代，此時勢力最強大的有七個國家：韓、趙、魏、秦、楚、燕、齊。秦始皇嬴政在西元前 221 年時兼併了其他六個國家，統一天下，當時他不過才三十九歲。也許很多人會認為他的成功仰賴了個人的天縱英明與政治魄力，但是所有的成功都不是偶然得到，西漢的大文學家和政治家賈誼就曾在〈過秦論〉中說秦始皇之所以功成名

就是「續六世之餘烈」＊。秦始皇繼承了歷代祖先開疆闢土的功業，對他日後的成功具有決定性的影響。

為何秦國能從一個被人瞧不起的國家，一躍成為戰國七雄之首，最終統一中國呢？這實在是一個既漫長又艱辛的過程，就讓我們好好的瀏覽一下吧！

因善於養馬而步步高陞

秦人的始祖是女脩。女脩有一個孫子伯翳，伯翳專門替舜帝飼養和訓練鳥獸，因為他非常盡責，所以得到舜的喜愛，並賜給他一個姓叫做「嬴」。伯翳的後代子孫非子居住在犬丘，對養馬特別有一套，於是當時在位的周

＊意思是說秦始皇繼承了六代的功業。這六世指的就是秦始皇的先祖：戰國時代秦國的孝公、惠文王、武王、昭襄王、孝文王、莊襄王。

孝王賜給他渭水流域的秦州，讓他在這一帶替天子養馬，並為天子駕御馬車。因為姓嬴，又居住在秦州，所以非子就自稱「秦嬴」，這也就是秦國國君以嬴為姓，而國家稱為秦國的由來。

即使有了自己的小國家，秦國在當時也只是周朝的屬國之一，必須接受周天子的統治。西周時華夏諸國的主要生產方式是農業，而秦國卻以畜牧為生，無論文化或是生活形態，都大不相同。對這些大國來說，僻居西陲的秦國，只不過是個以蠻力建國的國家，一點文明都沒有，簡直就是「非我族類」。

雖然處於弱勢，秦國人並不因此而自暴自棄，相反的，他們很瞭解自己先天不足的地方，所以秦人一方面不斷充實國力，一方面也積極尋求獲得周天子冊封的機會。西周初期所嚴格實行的

封建制度＊到了晚期時已開始瓦解，各個諸侯國莫不擁兵自重，互相勾結，再也沒有人願意尊重周天子，誰都想要稱王稱霸，所以造成周天子的威權逐漸沒落。

到了西周最後一位天子周幽王在位的時候，他有個寵妾名叫褒姒。褒姒從來不笑，周幽王為了逗她一笑，想出了一個妙計，他命人在王城附近的烽火臺點上危急時向諸侯求援的烽火。各國諸侯一看到烽煙，便快馬加鞭前往王城救援，褒姒看到眾諸侯狼狽的模樣，居然笑了出來！而眾諸侯發現這一切竟然只是玩笑一場，於是對周幽王更是感到憤怒和厭惡。沒想到不久之後，凶猛

＊西周時期有「分封制」，周天子直接管轄王城，而周圍地區則分封給同姓兄弟以及異姓諸侯。諸侯們必須按時向周天子進納貢品，戰爭時也必須跟隨周天子出征。分封諸侯對鞏固周王室的政權很有助益。雖然到了西周末期，周天子的權威逐漸衰弱，各諸侯國仍然尊奉禮法將周天子視為天下的共主。

的塞外民族——犬戎真的派兵進攻西周，著急的周幽王趕緊命人點上烽火，各國諸侯以為周幽王又在開玩笑，所以遲遲無人前往救援。惡有惡報的周幽王於是在驪山之下被犬戎殺死。

在周幽王被殺之後，當時秦國的國君秦襄公毅然決然的與各國諸侯一齊擁戴太子宜臼為新王，並護送太子到東都雒邑即位為周平王。從此進入東周，開始了史稱的春秋時期，此時是西元前 770 年。

秦襄公之所以能有這樣的遠見和決心，完全來自於秦國長期受人輕視的影響。當初秦襄公的父親秦莊公在秦國與犬戎的戰爭中受到重傷，臨死之前將襄公叫到身邊，並且告訴他：「兒子啊，你要記得祖先們最大的期望，就是秦國能獲得天下人的承認和尊重。」這一段話道出了秦國

歷代國君的心願。

對秦國來說，春秋時期帶來了新希望。周平王為了感謝秦襄公，於是冊封他為諸侯。秦國終於能正式與中原諸國平起平坐了！然而周平王心中始終無法忘懷父親被犬戎殺死的慘況，所以他要秦襄公出兵征伐犬戎，並許諾奪回的土地歸秦國所有。不幸的是，秦襄公和犬戎大戰到岐山*就重傷死了，他的兒子秦文公接替父親，一夫當關，將犬戎逼退至塞外。周平王也遵守約定，將岐山以西的土地通通賜給了秦國，秦國的轄地為之大增。

在西周末期，周天子的威嚴

放大鏡

*秦國因為鄰近犬戎，所以兩國常常發生戰爭。周宣王的時候曾命令大夫秦仲討伐戎狄，沒想到秦仲卻被戎人所殺。秦仲死了之後，長子秦莊公繼位，繼續與犬戎戰鬥，終於成功。秦莊公在位四十四年，最重要的使命便是消滅戎狄，以報國仇家恨。
*岐山　今陝西省境內。是周王朝的發祥地。在西周時岐山以西的土地全被犬戎占領。

已經大不如前，進入東周時期之後，因為對這個新王朝還抱有理想和希望，所以各國諸侯大多能守本分，相互牽制約束，尊奉「禮法」，以維持秩序的和諧。所以秦文公認為，此時千萬不可做出惹人非議的事，否則就會被天下人所摒棄，如此一來豈不是前功盡棄？因此，秦文公戰戰兢兢，謹記著祖先的教誨，他目前的首要之務，就是累積秦國的實力。

　　秦國從莊公、襄公到文公三代，歷經了七十二年，在這漫長的歲月中，秦國上下絲毫不敢懈怠。因此，自秦文公之後到最後秦始皇統一中國的數百年間，秦國在諸國之中一直是一等的強國。

躍居「春秋五霸」之列

春秋時期的諸侯國共有一百

四十多個，經過連年不斷的戰爭和兼併後，其中以齊、晉、宋、楚、秦五國實力最堅強。當時秦國的國君名叫任好，世稱秦穆公。秦穆公在位的時候，齊桓公小白得到周天子的承認，成為霸主，而晉文公重耳因為宮廷政變，流亡國外＊。當時齊晉兩國是中原大國，主導著文化與政治的脈動。國內人才濟濟，物產豐饒。相較之下，秦國雖然國力強大，卻不像齊晉兩國如此具有影響力，這對秦穆公來說，簡直無法忍受！於是他也開始朝著「稱霸」的目標前進，打算與其他國家一較長短。

首先他迎娶了晉獻公的女兒伯姬＊，以結「秦晉之好」。伯姬當時帶來了百里奚這個人作為陪嫁。百里奚雖然是晉國的奴隸＊，卻具有謀略且大智若愚。求賢若渴的秦穆公馬上拜百里奚

為上卿*，希望他能幫助自己完成稱霸的願望。百里奚建議秦穆公應該先「守成」，而後「創業」，也就是先充實國力，再圖稱霸之業。

就這樣過了許多年，秦國一直遵行百里奚的計畫，不斷蓄積國力。而內心著急的秦穆公卻苦無展現實力的機會，晉文公卻在即位九年之後就成了霸主，這讓

*晉獻公夫人驪姬想要立自己的兒子奚齊為太子，於是向獻公進讒言，想要廢黜太子申生，導致太子申生自殺。申生同父異母的兄弟重耳與夷吾，因為怕受到池魚之殃，於是相繼逃亡他國，重耳在外輾轉流離了十九年後，才由秦穆公護送，回到晉國即位為君。

*晉文公的姐姐。

*晉獻公十九年，派兵攻打虢國，但是必須借道虞國才能攻打虢國，於是獻公派大夫荀息攜帶垂棘和屈產兩地生產的寶玉和寶馬前往虞國商量借道之事。當時虞國大夫百里奚認為不應收受晉國的賄賂，無奈虞國國君不聽，答應借道。沒想到晉國滅虢之後，在返國途中，竟又滅了虞國（晉獻公二十二年）。因此百里奚成為晉國的奴隸。

*百里奚跟隨伯姬遠嫁秦國之時，曾經逃到楚國，成為牧羊人。秦穆公知道百里奚是個不可多得的人才，又怕他被楚王搶去，於是派人以五張黑羊皮到楚國將他贖回，因此百里奚有「五羖大夫」的美譽。

秦穆公感到相當不平衡＊。所以兩國之間開始發生戰爭，最有名的一次是發生在晉文公死後，晉襄公在位時的「殽之戰」。

當時秦穆公不聽百里奚的勸告，派遣大將孟明視、西乞術及白乙丙伐晉，在經過殽谷的時候，遭埋伏在山壁兩側的晉軍襲擊，秦軍死傷慘重，只有少數幾名大將得以生還。這次的戰敗對秦國來說是一次重大的打擊，更重挫了秦穆公欲以國力爭霸的野心。

然而秦穆公是個能深自悔過的人，他穿著白衣素服，親自前往殽谷祭拜陣亡的將士，哭喊著：「我違背了你們的忠言，以致侮辱了你們，這都是我的罪過啊！」

＊因為晉文公是藉助了秦穆公的力量才安全返國即位。

戰爭使得秦國國力耗損，人民疲憊不堪，最終秦穆公採取了百里奚的建議，不再向中原大國宣戰，而改征伐西方小國，以擴充疆土。當時在位的周襄王便冊封他為西方諸侯之伯，秦穆公於是稱霸西戎，成為春秋五霸*之一。後世談論秦穆公時，都稱他求賢若渴*，愛民如子*，是個大有作為的賢君。秦穆公死後，繼位歷任的君主多採取「守成」的方針，直到戰國時代才轉為積極「創業」。

放大鏡

*其他四位是齊桓公、宋襄公、晉文公、楚莊王。
*秦穆公一生總共得到百里奚、蹇叔、丕豹、公孫支等賢士的輔佐。又秦穆公晚年征伐戎狄時，聽說戎王身邊有個賢人由余，懷才不遇，於是穆公派人送了美女寶物給戎王，同時離間由余和戎王，由余因此投靠秦國。穆公「以客禮禮之」，並向他請教種種伐戎的方法。
*秦穆公曾經走失了一匹好馬，原來是被三百多名野人偷去當作食物。官吏欲將這些野人繩之以法，秦穆公卻說：「我聽說吃好馬肉的人，不可以不配美酒。」於是他賜給這些人許多美酒。這群野人為了報答他的恩德，莫不爭相加入秦國的軍隊。

戰國時代，傲視群雄

　　春秋末期，周天子的地位低落，此時已然是霸主們的時代，而諸侯之下的卿大夫也各有封地，隨著諸侯勢力增強，卿大夫們都擁有強大的武力，並暗中厚植自己的實力，陰謀推翻諸侯。有些卿大夫的權力甚至凌駕諸侯之上，進而操縱政權。

　　當時晉國的卿與大夫共有十九家，其中又以范氏、知氏、中行氏、韓氏、趙氏、魏氏六家的勢力最大，史稱「六卿」。六卿之間開始了激烈的爭奪和兼併，最後獲得勝利的是韓、趙、魏三氏，韓、趙、魏三家隨後竟然瓜分了晉國。當時的周天子威烈王也不得不屈服於現實環境，而正式冊封韓、趙、魏為諸侯，是為「三晉」。隨後，齊國宰相田和也發動政變，篡位為齊王，史稱

「田齊」。自此，東周正式進入中國歷史上的戰國時代（西元前403年），此時韓、趙、魏、楚、燕、齊、秦七國並立，史稱「戰國七雄」。

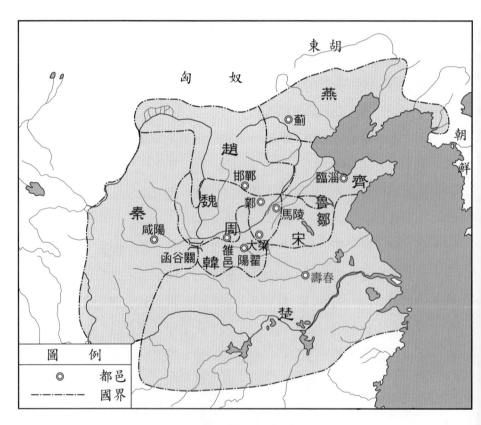

戰國七雄地理位置圖

　　秦國在秦孝公即位之時，將國都從櫟陽遷到咸陽。當時的魏國已經築有長城，楚國則占有南方肥沃的土地，列強間競爭激烈，秦孝公有感於人才短缺，於是頒布求賢詔，徵求能「貢獻奇謀使秦國富強」的人。當時衛國公子衛鞅懷才不遇，一聽說秦國頒布求賢詔，便打算投靠秦國。

　　秦孝公問衛鞅有何計謀可使秦國富強，衛鞅首先抨擊了秦國貴族的保守思想，他認為要富強就必須要「變法」，即是改變秦國祖先們的治國方法。此舉雖然遭到許多貴族的反對和懷疑，秦孝公仍然決定採用他的意見。在經過三年的計畫之後，孝公任命衛鞅開始實行變法＊。剛開始，

放大鏡

＊衛鞅變法主要有幾個要點：(1) 廢除官員身分的世襲制，獎勵軍功，並按軍功的大小賞賜爵位，奴隸也可以因為有戰功而成為庶人。(2) 制訂法律，制裁犯罪。(3) 獎勵耕織，發展農業。(4) 推行郡縣制，加強中央集權。(5) 統一度量衡。

人民因為制度改變而感到無法適應，三年之後，人民卻開始享受變法所帶來的便利和公平。

衛鞅變法成功之後，秦孝公賜給他商地作為封邑，於是人們尊稱他為「商君」，又稱「商鞅」，他的變法史稱「商鞅變法」。變法雖使秦國氣象一新，卻也因刻薄寡恩而讓人詬病。有一次太子駟犯法，商鞅便懲罰太子的老師公孫虔，因此得罪了太子。

秦孝公死後，太子即位，是為秦惠文王。那些在變法中被剝奪特權的貴族紛紛向秦惠文王進言：「太尊貴的臣子反而是國家的危險啊！如今秦國上下都只談商鞅的法律，而沒有人在乎國君您的法律，看來商鞅反而是主人，國君您才是臣子呢！」

由於秦惠文王畏懼商鞅的勢力繼續擴張，也始終無法忘記老

師受辱的慘狀，於是下令以謀反罪逮捕商鞅。

商鞅逃亡至封地商邑，最後還是被抓了起來，並處以「車裂」之刑，在眾目睽睽之下被五馬分屍。商鞅雖死，但其變法大業在秦國仍繼續施行，形成了秦國以法治國的特色。因變法而富強的秦國已不再需要和他國聯合，儼然成為傲視群雄的強國。

商鞅死後，秦惠文王繼續廣納人才。西元前 329 年，有一名魏國人張儀向秦惠文王獻上連橫＊之策，他說：「各國都知道秦國打仗絕對不會失敗，所以能開拓千里之方的土地，這是多大的

放大鏡

＊面對秦國這個威脅，東方諸國開始謀求聯合對付秦國。在當時最為風行的策略就是「合縱」與「連橫」。所謂「合縱」就是聯合弱國來對抗強國，以阻止強國的併吞。而「連橫」則是聯合一個強國攻打弱國。而研究「合縱」與「連橫」這兩種外交策略，並遊走說服各國的就是「縱橫家」。最有名的代表就是張儀和蘇秦。

功業啊！然而為什麼到現在各國諸侯不來歸服，秦國還不能完成霸王大業呢？這都是因為謀臣不能竭盡忠心，不能把握有利的時機進攻六國啊！微臣建議大王把握機會，削弱六國的國力。」

秦惠文王聽了，眼睛一亮，「哦！那麼你有什麼好方法嗎？」

張儀一說:「秦國要完成霸業，必須瓦解天下諸侯合縱之謀，再加以各個擊破，以成就霸王之名，使四方諸侯來朝。」

秦惠文王聽了這一席話之後，非常高興，於是任命張儀做客卿，和他謀議討伐諸侯的策略。第二年張儀因其優越的才能被任命為相國。

張儀在相國任內，曾多次利用計謀，讓秦國不費吹灰之力，就能得到最大利益。西元前 328 年時，他先派公子桑攻打魏國的蒲陽，然後又說服秦惠文王將蒲

陽還給魏國，並提議將秦公子繇送到魏國做人質，以示和魏國結盟的決心。同時張儀又前往魏國，對魏惠王說：「秦王對待你們魏國很仁厚，你們千萬不可失禮啊！」於是魏王將上郡的十五個縣邑獻給了秦國。因為張儀的計謀，秦國輕易的就獲得了大片的土地。

西元前 313 年時，秦惠文王準備攻打齊國，然而當時齊楚結盟，若是攻齊時楚兵前來救援，秦國恐怕會吃敗伏；因此秦王派遣張儀到楚國勸楚懷王斷絕與齊國的關係，轉而與秦國結成聯盟，並謊稱要將商於的六百里土地送給楚國。

楚懷王利欲薰心，於是與齊國斷絕了關係，又授給張儀相印，讓張儀也做楚國的相國，並派遣楚國的將軍隨張儀一同前往秦國領取秦王答應的土地。

　　張儀回秦國之後假裝墜馬受傷，三個月不上朝，楚懷王以為是張儀懷疑他與齊國斷交的心意不堅決，於是楚王又派人到齊國大罵齊王，齊王一怒之下，轉而與秦國結盟。後來，楚懷王得知這一切都是秦國的詭計，秦王根本不打算給楚國土地。楚懷王便以秦國背信為由，出兵攻打秦國。這時候齊國派兵援救秦國，在丹陽大敗楚軍，隨後秦王又直接進兵楚國，奪取了漢中郡六百里的土地。楚懷王不甘心，再次派兵與秦國大戰，結果在藍田被打敗。這時候，韓國和魏國也乘人之危，攻占了楚國的土地。楚國接二連三的吃了敗仗，不得已只好向秦國割地求和。

　　以上這兩個事件反映出張儀巧妙的外交手腕，同時也顯示出戰國時代國際間風雲詭譎的局勢與背信忘義的情形。

　　到了秦惠文王的兒子昭襄王的時候，魏國來了一個叫做范雎的平民。范雎本想替魏昭王效勞，但是卻因為得罪了魏國的外交官須賈，而被打成重傷。范雎為了活命，於是裝死，讓人用草席包裹著丟出城去，才僥倖活了下來。他改名換姓，居住在鄉間，直到遇到來魏國求才的秦國使者王稽，於是他自願跟隨王稽回秦國。

　　當時秦昭襄王已經攻占了楚國的鄢，俘虜了楚懷王，後來又打敗了齊湣王。秦昭襄王很討厭那些到處遊說的辯士，所以起初他並不想重用范雎，范雎卻上書秦昭襄王：「我聽說周朝有砥砨，宋國有結綠，梁國有縣藜，楚國有和璞這四塊寶玉，因為出產在土中，所以玉匠看走了眼，不知道這是聞名天下的寶貝。由此可知，被英明的君主所遺棄的人，

難道就真的不能夠幫助國家富強了嗎?」秦昭襄王感到非常慚愧，便親自跪在范雎面前，請求范雎能幫助他。范雎說:「我想要進諫的事，都是匡正君主的大事，很難不介入您的家務事*，就算我知道說了可能被處死，只要大王能夠確實照著我的話去做，我就算死也無怨。」秦王聽了以後更加慚愧，從此之後對范雎非常信任。

當時秦王準備越過韓魏兩國攻打齊國，范雎認為攻打遠方的齊國，不但會讓秦國的軍隊疲於奔命，同時韓魏兩國也會從中牟利。范雎建議秦王採用「遠交近

放大鏡

＊當時秦國的政權把持在太后以及太后的兄弟穰侯手中，而昭襄王的親兄弟高陵君和涇陽君則掌握軍權，他們的財產甚至比國庫還多。范雎認為秦昭襄王如果懼怕太后的威嚴，則無法明察善惡，這樣子也就不會有人願意替秦國效力了。結果秦昭襄王廢除了太后的權柄，收回了穰侯的相印，還將高陵君和涇陽君放逐到關外。

攻」的外交策略，也就是與遠方的國家結盟，而攻打較近的國家。秦王若能轉而攻打韓魏等中原大國，強迫他們與秦國結交，這樣不但能使秦國成為天下的中心，還可以威脅楚、趙兩國。這樣一來連齊國都會感到害怕，就會獻上貴重的禮物求和了。秦昭襄王採納范雎的建議，先進攻魏國，取得懷縣和邢邱兩地，又派兵攻打韓國，取得滎陽之地，韓魏兩國因此不敢再與秦國為敵。

戰國時代，各國的兼併愈演愈烈，戰爭規模也明顯大於春秋時期的戰爭，更重要的是，戰爭時雙方並不需要尋找任何冠冕堂皇的藉口，即使師出無名也要發動戰爭。這正是因為周天子已名存實亡，失去號召力，各國都意識到唯有充實國力才能存活。雖然慘烈，戰國時代卻是一個人才輩出的時代，這些人秉其機智，

往往能洞察國際局勢，依靠巧妙的言辭，貢獻精闢實用的計謀與戰術。

　　而秦國之所以能成為戰國七雄之首，大概可歸納出兩個關鍵——「求才惜才」和「地處西陲」。

　　秦國國君從春秋至戰國時代，始終秉持著「用人惟才」的態度，所以能吸引各國的謀士前來效忠，並且對秦國各方面都有相當重大的貢獻，而秦國國君愛才惜才，並能知人善任。如：秦穆公任用虞國人百里奚，實施「守成」，稱霸西戎；秦孝公重用衛人商鞅，並大力支持他所實施的變法政策，所以能移風易俗，人民殷實，國家富強，百姓皆樂於為國家效力；秦惠文王採納魏人張儀的連橫政策，因此能夠破壞六國的合縱之策，為未來秦國的統一大業打下基礎；秦昭

襄王以魏人范雎為相，剷除外戚專政，使王權集中。

另一方面，秦國雖地處偏遠，占地卻相當遼闊，廣袤的土地提供了軍隊絕佳的習武場地，而東邊的崤山是一道天然屏障，不僅阻隔中原諸國的進犯，同時也為秦國帶來一層神祕的色彩。

更重要的是，中原大國仗勢著文明和物質的絢爛豐厚，對秦國不屑一顧，使得他們沒能真正的瞭解秦國，這也給了秦國自由發展的空間。當其他國家發生內亂之時，秦國卻擁有天時、地利、人和，一天天的壯大。

2 人質的小孩成為國君

　　擁有天時、地利、人和的秦國，經過漫長歲月的陶養，已成為六國不敢輕忽的泱泱大國。

　　然而，日子一久，秦昭襄王已然無法滿足於七強並立的局面，於是開始計劃兼併其他國家。當時趙國的軍力足以與秦國媲美，更成了秦昭襄王的心頭大患，他採用范雎遠交進攻的策略，對鄰近的趙國虎視眈眈。就在此時，趙國的首都邯鄲城裡出生了一名男孩，他的名字叫做「趙政」。這趙政是何許人呢？讓我們一起往下看吧！

秦王孫異人和呂不韋

　　秦昭襄王在位第四十年的時候，他的長子去世了，秦昭襄王於是改立次子安國君嬴柱為太

子。此時安國君已年近五旬，身體狀況欠佳。安國君有二十多個兒子，其中有一個兒子名叫異人，異人的母親夏姬早已失寵，所以異人當然也沒有受到安國君的重視，於是秦趙議和時，異人就被挑選出來，代表秦國被送往趙國當做人質*。

然而趙國並未善待異人，還派他替趙王養馬，異人的日子過得既艱苦又沒尊嚴，而且異人也早有客死趙國的心理準備了。

就在一個偶然的機會裡，異人遇見了正在邯鄲城做生意的大商人呂不韋。呂不韋是個富商，也是個交際手腕高明的人。當時的商人必須遊走於各國進行貿

易，所以對各國的國情都相當瞭解，呂不韋也不例外。他早就打聽到了異人的身分和處境，也認為異人是值得栽培的對象，於是他便前往求見這位秦國王孫。

呂不韋一見到面容愁苦的異人，更相信自己的眼光是正確的。他禮貌而恭敬的對異人說：「您是天下人所畏懼的秦國的子孫，身分高貴，為何還這麼悶悶不樂呢？」

異人並不喜歡商人，因為他認為商人唯利是圖，一點道德和良知都沒有。但是這個叫呂不韋的人看起來不太一樣，態度相當誠懇，於是異人卸下心防，幽幽的說:「先生您難道不知道我是趙國的人質嗎？人質哪有什麼身分可言，難保哪一天就被趙王給殺了！真是處境堪憂啊！」異人消極的說著。

沒想到呂不韋卻憤怒的對他

說：「您貴為秦國的王孫，卻如此膽小，今天您只是因為運氣不好，所以被送來當人質，怎麼可以因此就低頭認命了呢？人要自重然後才會獲得尊重。」呂不韋接著又說：「如果您不嫌棄不韋只是一介商人的話，我願意幫助您。」

　　呂不韋這一番慷慨激昂的言詞，讓異人大受感動。呂不韋又更進一步的對異人說：「公子您要是不嫌棄，請時常到寒舍來坐坐，不韋也是孤家寡人，有公子您的陪伴，生活也會快樂許多。」於是秦王孫異人就和呂不韋成了朋友，異人的生活也不禁愜意了起來。

　　有一天，異人在呂不韋家中看見了一個女子，此女趙姬是呂不韋的舞姬，身材曼妙，容貌豔麗。異人對趙姬一見傾心，聰明的呂不韋看穿了異人的心思，於是二話不說，當下就將趙姬許配

給異人，異人相當高興，對呂不韋也就更加信賴。

不久，異人和趙姬生下了一個白白胖胖的男孩，夫妻倆給這個孩子取名為「政」，這孩子雖然是秦國的後代，但是因為身在趙國，又是人質，所以叫「趙政」。如今妻子、孩子都有了，異人覺得非常滿足。

沒想到三年之後，秦昭襄王不顧秦趙兩國曾經交換人質，派兵攻打趙國，在趙國長平活埋了四十多萬名的趙軍＊，秦趙兩國從此埋下深仇大恨。不久，秦國又與周王室發生戰爭，俘虜了周赧王姬延＊（西元前 256 年）。各國因此

放大鏡

＊此戰史稱「長平之戰」。長平之戰發生在西元前 260 年，領軍者是秦國名將白起。一開始趙國堅守不出，後來轉守為攻，結果卻被秦軍打敗。

＊戰國時期，周王室內部分裂，出現了西周赧王和東周顯王。周赧王被秦國俘虜死後，周王朝已名存實亡（西元前 1046 年～西元前 256 年）。西元前 249 年，秦莊襄王命相國呂不韋帶兵滅了周顯王。

更加懼怕秦國，不敢再與秦國作對。

長平之戰使趙國生靈塗炭，趙孝成王自然是氣憤難消，他認為秦國罔顧雙方當初交換人質的和平協定。此刻最感到害怕的莫過於身在趙國當人質的異人了，因為秦國攻打趙國表示他只不過是個可有可無的王孫罷了，依當前局勢看來，恐怕連性命都將不保，於是憂心忡忡的異人趕緊前往徵詢好友呂不韋的意見。

只見呂不韋笑嘻嘻的說：「公子您太悲觀了，還記得我曾說過要幫助您嗎？現在我有一個妙計，能讓您一家三口安安全全的回到秦國。」

異人一聽，真是既驚訝又高興，他並不奢望自己能獲得祖父昭襄王和父親安國君的寵愛，但是他害怕過著這種朝不保夕的日子，如今居然有歸秦的機會，這

正是他夢寐以求的啊！異人拱手稱謝：「一切有勞了！」

　　呂不韋不勝得意，眼見異人已將他當成唯一的救星，他這些年的苦心經營也就沒有白費了。要幫助異人一家安全的回到秦國，對他來說雖然相當冒險，但是卻非常值得。如果異人安全歸國，然後將異人推上王位——首先要讓異人成為皇太孫，而後成為太子，再登基為秦王，如此一來，他就能直接接觸到秦國的政治核心，得以在秦國獲得發展，不但可以擺脫受人輕賤的商人身分，更可以在秦國充分發揮自己的才學，可說是一舉兩得啊！雖然這不是個簡單的任務，但是呂不韋深知有錢能使鬼推磨的道理，再加上擁有商人的如簧之舌，所以他相當有信心。

　　隨後，呂不韋備車，拜別了異人和趙姬，進行此生唯一一

次，也是最後一次的冒險。

「趙政」歸秦

曾經是那麼不可一世的秦昭襄王如今已然年邁，他將太子安國君嬴柱喚來，感慨而心焦的對他說：「將來我死之後，你要繼續保持大秦的強盛國力，維護我們的光榮，並儘速冊立有能力的繼承人。」

安國君聽到父親這麼說，心頭為之一震，因為他驚覺自己也已經是個五十多歲的老人了。長久以來，他只知道扮演太子的角色，卻不知該如何做一個賢明有能的君王。從來沒有負擔過什麼重責大任的安國君心想，若是父親離他而去的話該怎麼辦？他有二十多個兒子，該選擇哪一個做他的繼承人呢？秦國的未來若是就這麼斷送在他手裡該怎麼辦？他要如何向列祖列宗交代呢？這

一切都讓安國君更加惶恐不安。

就在安國君向上天祈求父親能長命百歲之時，呂不韋抵達了秦國。秦國對他來說，是個陌生的國度，雖然他早已從異人口中得知秦國的風俗民情，然而當他踏上這一片廣闊的黃土地時，他聞到了空氣中有一股強悍的味道，也看到了秦國人民寬闊厚實的肩膀，原來這就是秦國！沒有腐敗的制度，也沒有墮落的物質享受。這裡，就是攸關他一生幸福的轉捩點！

呂不韋在秦國首都咸陽城內待了一陣子。在這期間，他用金錢打通人脈，收買了守城的兵卒和官吏，間接打聽到安國君和王妃華陽夫人的生活，獲知了華陽夫人貌美卻無子的遺憾。呂不韋如獲至寶，因為這對他來說，是可遇而不可求的大好機會。

於是呂不韋整裝打扮，前往

拜訪華陽夫人的姐姐。華陽夫人的姐姐是個貪婪而驕傲的女人，這給了呂不韋機會。

呂不韋一見到華陽夫人的姐姐，開門見山的說:「我是趙國邯鄲的商人，和正在趙國做人質的異人是莫逆之交。異人是個賢德的人，秦國若是能有他的輔佐，國勢必定如日中天。」

華陽夫人的姐姐聽到這番話，不禁哈哈大笑起來:「異人要是有先生您所說的那麼好，又怎麼會被送去做人質呢？況且安國君有這麼多個兒子，隨便選一個都勝過異人啊。」

呂不韋早料到對方會這麼說，於是便獻上他精心挑選的奇珍異寶，這下子可獲得了華陽夫人姐姐的注意，呂不韋趕緊趁勢靠近，悄聲的說:「您的妹妹華陽夫人因為貌美而受寵，可是女人總有年老色衰的一天，到時候華

陽夫人若是失寵了，恐怕您也不會有什麼好處吧！不過我有一個辦法，可以保障華陽夫人在宮中的地位。」華陽夫人的姐姐聽完，便趕緊將呂不韋引薦給華陽夫人。

華陽夫人見到來者是名商人，又是異人的朋友，不禁面露不屑之色。呂不韋把握機會，直截了當的說：「安國君年事已高，夫人您雖然受到寵愛，卻未能生育，將來安國君登基，必然立長子為繼承人。而且夫人您因為得寵而讓大王冷落了其他的嬪妃，王子們對您必定有諸多不滿，所以您的未來是沒有保障的啊！」此言正中華陽夫人下懷，她怎麼也沒想到區區一個商人竟然能預料到她的處境，可見舉國上下已流言四起，想來是該好好從長計議了。

呂不韋見華陽夫人若有所

思，趕忙安慰她：「夫人您不必擔心，在趙國的異人從小就失去了母親，所以把您當做是自己的母親，即使身在趙國，也對您念念不忘，希望有一天能回到您的身邊。而且異人是眾兄弟之中最孝順，個性最好的一個，值得夫人您的疼愛和倚重啊。」

華陽夫人聽完，內心非常歡喜，便向呂不韋請教接下來該如何做。呂不韋說：「夫人您不必操心，我會讓異人安全回到秦國，夫人您只要讓安國君立他為您的子嗣即可。」

獲得華陽夫人的同意之後，呂不韋連夜策馬回趙。正當此時，秦昭襄王派遣將軍王齮圍趙，準備進攻邯鄲。因為長平之戰餘恨未消，趙孝成王正打算殺掉異人全家以洩恨，幸好呂不韋及時趕到，將他的積蓄拿來打通關節，收買了朝廷命官和監守的

官吏，偷偷放異人出關，而趙姬母子則暫時跟隨在呂不韋身邊。

趙王得知異人逃跑的消息之後，怒不可遏，馬上派人追殺異人。呂不韋趕忙求見趙王，並說：「秦趙之間戰爭不斷，生靈塗炭，即使交換人質也無濟於事，秦國更不可能為了一個異人就與趙國和解。再加上秦國國力強大，趙國實在不是秦國的對手。如果大王您殺了異人，秦國就師出有名了。而趙國的國力在長平之戰之後尚未恢復，如此一來豈不是自取滅亡？倒不如就讓異人歸秦，或許秦君會因此感念大王您的恩德呢！」趙王認為呂不韋這番話很有道理，於是下令停止追捕異人。

話說異人一路逃回秦國之後，直奔咸陽城，他依照呂不韋的囑咐，事先換上楚國的服飾，進宮謁見華陽夫人。華陽夫人是

楚國人，看到異人身穿楚服，心裡既高興又安慰，便趕緊將異人帶到安國君面前，表明要收異人為子的決心，還將異人改名為「子楚」＊，於是子楚就這樣成了皇太孫。

子楚歸秦六年之後，秦昭襄王駕崩，安國君繼位為秦孝文王，而子楚也就成了太子。安國君登基之後，每天夜裡總是做惡夢，夢到自己病了，還夢到秦國滅亡，他跪在祖宗面前痛哭流涕的景象。日復一日，他的身心承受著相當大的折磨和煎熬，身體狀況大不如前。

孝文王即位一年就死了，子楚繼位為秦莊襄王。他趕緊將分離七年，尚在趙國的妻兒接回秦國，立趙姬為王后，兒子趙政為太子，更名「嬴政」，他還封呂

＊子楚　意謂楚人之子。

不韋為文信侯，任命他為相國。

　　秦莊襄王是位仁惠孝順的君王，他在位的時候，廣披恩澤，對待宗室功臣和人民都非常用心。相國呂不韋更是一人之下，萬人之上，國中大小事幾乎都交由他來處理。無奈秦莊襄王並不是個長壽之人，他在位僅僅三年就過世了，留下趙姬和嬴政這一對孤兒寡母，迎向不可知的未來。

嬴政的家庭悲劇

　　秦莊襄王過世的時候（西元前246年），剛即位的嬴政只是個十三歲的小男孩。在他很小的時候父親就回到秦國了，而他和母親在邯鄲城內受盡欺侮，卻無法反抗。如今回到了秦國，卻還得受到大臣們的質疑，種種一切都在他的心裡留下了極大的陰影。他記得父親過世之前，將教育他的責任

和國家大權全都交託給相國呂不韋，還要他尊稱呂不韋為「仲父」，在他尚未成年之前，由相國攝政＊。

　　嬴政年紀雖小，卻是個好勝心強且有主見的人，他不能理解父母為何會如此尊敬呂不韋，為何又要將國事交由呂不韋處理？呂不韋在攝政期間更豢養了三千門客，在家中共同撰寫《呂氏春秋》＊，氣象盛大，儼然是咸陽城內的另一個朝廷，這在在都讓嬴政心裡很不舒服。

　　七年之後，嬴政已經成年，但是呂不韋卻沒有讓他親政的意思，仍舊每天親自處理大大小小的國事。

＊攝政　代為處理朝政。

＊《呂氏春秋》　又稱《呂覽》，為呂不韋集結三千門客所寫的一部政治理論的專書，內容旁徵博引，思想繁雜，是現今研究先秦思想不可或缺的一部重要著作。

　　有一天，嬴政問呂不韋：「仲父可知道古人加冠＊的意義何在？」

　　呂不韋回答：「臣知道。男子二十而冠，代表已長大成人，凡事可以獨立負責了。」

　　嬴政接著問：「那麼仲父覺得可以讓寡人親政了嗎？」

　　呂不韋卻回答：「臣認為大王您還沒有準備好。您的個性太過剛強，遇事不夠客觀，不能冷靜處理，所以尚不適宜加冠親政。」

　　嬴政聽到呂不韋這麼說，非常憤怒，便說：「仲父您時常教導寡人，要寡人以古聖先賢為榜樣，如今卻不遵守加冠的古禮，豈不是自相矛盾？」

　　呂不韋平靜的回答：「君王是

放大鏡

　　＊加冠　中國的古禮，男孩子在二十歲時舉行加冠禮，象徵成年。成年也代表著必須獨立，所以加冠具有非常重要的意義。

為人民謀福利而存在的，絕非只是講究排場和虛禮，更不能好大喜功，一切都要以民為重。」

贏政不服氣的說：「仲父您的門客有三千多人，難道不算是盛大的排場嗎？」

呂不韋為之語塞，他瞭解贏政親政的渴望，以及不甘心受制於人的個性，便不再勸導贏政。呂不韋不肯交出攝政權，雖是為民著想，卻因此加深了他與贏政之間的嫌隙。

就在贏政二十一歲那一年，趙國攻秦，贏政同父異母的弟弟成蟜※向贏政爭取帶兵打仗的機會。成蟜是個勇猛善戰卻心高氣傲的人。贏政認為趙軍強大，所以他不願讓成蟜冒險，然而秦國的宗室大臣卻認為由王子領兵必能重挫敵人的銳氣，又能讓成蟜立下大功。在眾議難排下，有勇無謀的成蟜踏上了戰場。

一開始，成蟜勢如破竹，連戰皆捷，然而在攻打邯鄲城時卻失利了。趙人採取堅壁清野※的策略，使得秦軍彈盡糧絕，心急如焚的成蟜又誤信趙國間諜的讒言，認為嬴政之所以遲遲沒有派兵救援是因為想置他於死地，以免除王位爭奪的心頭大患。於是成蟜轉而和趙王達成協議，準備造反。他聚集了秦趙的兵力，一路攻回秦國，卻被前來攔截的秦軍擊潰。羞愧的成蟜自知造反必定難逃一死，便揮劍自刎。

成蟜的造反和自殺帶給嬴政不小的衝擊，也是嬴政首度面臨骨肉相殘的悲劇，在在加深了他心中的不安全感。緊接著在咸陽

放大鏡
※成蟜是莊襄王歸秦之後和楚國公主所生的孩子，因為母親的公主身分比太后趙姬（舞孃）來得高貴，所以也被認為理應是王位的繼承人。
※堅壁清野　一種作戰策略。清除糧食和房舍，使敵人缺乏食物，又沒有隱匿之地。

城內，又發生了一件驚天動地的大事。

太后趙姬年輕守寡，寂寞難耐，呂不韋便將趙國人嫪毐假作宦官，送進宮中伺候她。嫪毐是個擅長甜言蜜語的人，很得太后的歡心。嫪毐非常受寵，因此養大了他的野心和貪欲，他也一想擁有像呂不韋一般的權力，於是他便要求太后封他做長信侯。太后對他有求必應，不僅讓他當上了長信侯，還賜給他封田。從此嫪毐更是氣焰高張，在宮中作威作福。

這一天，嬴政帶領文武百官前往秦國古都雍城祭祀祖先，並舉行加冠典禮，隨後再前往蘄年宮祈禱豐收。此時嫪毐拿著太后玉璽，假借太后之名，發兵進攻蘄年宮。嬴政早已得知嫪毐的陰謀，事先在蘄年宮等地部署精兵，擊潰了嫪毐等叛兵。嫪毐被

捕，嬴政將他五馬分屍，同時誅滅嫪毐的親族。弭平嫪毐之亂後，嬴政因為當初是呂不韋推薦嫪毐入宮，所以免去了他的相國職位。呂不韋被免之後，回到了他在河南的封地*。而縱容嫪毐作亂的太后趙姬則被幽禁在雍城。

之後眾大臣紛紛上奏陳情，希望嬴政能接回幽禁在雍城的太后，無奈嬴政對母親的荒淫感到痛心，始終不願意再見到她。此時齊人茅焦上諫：「秦國以收復天下為重任，然而大王卻在此時背負不孝子的罪名，臣恐怕各國諸侯將來會以此為理由，聯合起來背叛秦國！」嬴政覺得茅焦所言成理，便將母親接回咸陽的甘泉

放大鏡
*秦始皇即位十二年之後，又下詔要呂不韋舉家遷移到更遠的蜀國去。呂不韋傷心之餘，為了證明自己的清白，便喝毒酒自殺。

宮。然而，母子之間的感情卻已大不如前。

歷經了骨肉干戈和宮廷鬥爭之後，嬴政擺脫了親情的羈絆，結束了大權旁落的處境，走向親政的道路。

3

結束分裂，定於一尊

　　嬴政前二十多年的歲月，充滿磨難和考驗，在在加深了他的不安全感，也造就了他多疑猜忌的性格。

　　嬴政在擺脫了家庭的羈絆之後，開始思考國家未來的發展。此刻，雖然秦國國力是七雄中最強大的，但六國若是聯合，還是能和秦國相抗衡；連年不斷的攻伐和兼併，各國總是在尚未恢復國力時緊接著又得面對下一波的戰爭，導致民不聊生；在歷史的洪流之中，人生是如此的短暫，難道國君只是為了戰爭而活嗎？嬴政對於血腥殺戮感到厭煩，他想要結束這種沒完沒了的爭奪，於是有了統一天下的想法。且看秦王如何一步步完成統一大業。

韓國的間諜，趙國的良將

韓王在嬴政剛即位時，派遣了一名水利工程師鄭國到秦國來。鄭國到秦國的目的是為了幫助秦國開發水利，鑿通涇水和渭水兩渠，並建築河道，將兩條河流共同引流到關中，灌溉農田。鄭國的到來，代表韓國的友好之意，嬴政不疑有他，自然是歡喜的接受了。

然而，建築河道的工程卻耗費了秦國大量的人力和物力。七年之後，鄭國被人揭發他其實是韓國的間諜，到秦國的目的在於假借建渠的名義，消耗秦國的國力。

憤怒的嬴政質問鄭國：「先生您到秦國來，原來只是韓王的陰謀啊！」

鄭國自知東窗事發，性命恐怕不保，所以也就毫無畏懼，坦率的說：「秦國國力強盛，動用區

區十幾萬的造渠人力對秦國又有什麼妨礙呢？況且我開鑿渠道也已經七年多了，在這期間，我全心付出，只想完成造渠大業。大王您要是殺了我，造渠一事也就半途而廢，到時候才真的是浪費了無謂的人力和財力啊！況且這七年來，渠道已然成形，何不將計就計，讓工程繼續下去，事成之後，對秦國有利而無害，也是美事一椿啊！」

　　嬴政認為鄭國所言有理，便說：「那好，寡人再給你三年的時間，三年之內若是無法完工，我就殺了你！」

　　就這樣，鄭國在嬴政嚴密的監控之下，終於完成這項水利工程，而這條河渠也被命名為「鄭國渠」＊。

放大鏡——
　　＊鄭國渠　中國古代偉大的水利工程之一。渠長約三百里，可澆灌農田四百公頃。遺跡位於今陝西省涇陽縣一帶。

　　然而，鄭國一事在秦國國內引起軒然大波，秦國大臣們認為前來投效的六國人才其實都有可能是間諜，他們主張將這些人驅逐出境，也就是「逐客」。當時的廷尉＊李斯＊因為自己是楚國上蔡人，便上書陳情＊，終於平息了逐客的風波。而李斯為了邀寵，還將自己的同學，同時也是韓國的王室公子韓非＊推薦給嬴政。

　　韓非一到秦國，便積極向嬴政遊說，希望嬴政能打消攻韓的

放大鏡

＊廷尉　掌管天下的刑獄，以及審理法律案件的官職，在秦國這個重視法律的國家中是相當重要的職位。

＊李斯本是呂不韋的門客，由呂不韋引薦給秦始皇。呂不韋被貶之後，秦始皇開始重用李斯。

＊逐客風波之時，李斯寫了〈諫逐客書〉一文，首先舉例說明六國客卿對於秦國功勞很大，其次點出逐客則不利於秦國的統一大業。立論精確，文筆流暢，感動了秦始皇，因此平息了逐客風波。

＊韓非是韓國的公子，貌醜又有口吃。他和李斯都是荀子的學生，也是中國古代法家思想集大成者，秦始皇曾讀過他的文章，大為讚賞。

念頭，這讓嬴政大為光火，對韓國也就更加反感，他還將韓非關在牢獄內，沒多久，韓非就死了。

韓非一死，韓王因為畏懼而獻地給秦國，表示歸順之意。對歷代的秦王來說，土地是珍貴而應該盡全力守護的寶貝，獻地一事使得嬴政更加輕視韓王，再加上統一天下的決心，於是就在他即位十七年（西元前230年）之後，派內史騰攻韓，俘虜了韓王，收取了韓國所有的土地。

韓國滅亡之後，嬴政將眼光轉移到趙國。趙國在長平之戰後，國力大減。趙孝成王去世之後，兒子悼襄王即位。在這期間，好戰的趙王又一再的攻打燕齊兩國，秦國也在趙國攻燕齊之際，出兵攻趙，奪取了趙國許多的土地，導致趙國元氣大傷。

趙國有一位名將李牧，驍勇

善戰，忠心耿耿。贏政曾兩度攻趙，卻都被李牧打退，於是李牧成了贏政的心頭大患。贏政即位十八年之後，大舉攻趙，趙王派遣李牧和司馬尚迎戰，一心以為勝券在握。

此時趙王的寵臣郭開卻對趙王說：「大王您知道李牧是個心高氣傲的人嗎？這次他率領趙國所有的兵力前往迎戰，大王您不擔心他趁此造反嗎？」

趙王不相信，便回答：「李牧是寡人的愛將，禦秦有功，你就不必多心了。」

郭開一聽趙王如此信任李牧，又說道：「眾人皆知，秦國歷代國君求才若渴，而贏政更是一個雄才大略的君王，像李牧將軍這樣的人才，秦國求之不得啊！」

趙王一聽，不禁心生疑慮，便說：「那麼寡人就陣前換將，將李牧召回來就是了。」

　　郭開湊近趙王，悄聲的說：
「臣有一計，可以測試李牧的忠
心。大王您先要求李牧交出軍
權，他若不聽從，就表示他有意
謀反，此時大王就應該斬草除
根，以免李牧日後歸順秦國。」

　　趙王聽信了郭開的讒言，不
顧眾大臣的反對，向正在戰場上
殺敵的李牧下達收回兵權的詔
令，要求改換趙蔥迎戰。李牧憤
怒的說:「秦趙兩國正在交戰，此
時大王居然要陣前換將，這豈不
成了天下人的笑柄？況且目前情
勢危急，趙蔥素來無能，怎能抵
抗得了秦國的大軍呢？」李牧心裡
明白趙王一定是受到了小人的慫
恿，如果選擇聽命，豈不是中了
奸計？於是他拒絕交出兵權，繼
續抵抗秦軍。

　　李牧抗命，印證了趙王的疑
慮，於是他派人前往戰場斬殺李
牧，李牧視死如歸，並未抵抗，

就這樣被捕身亡了。

李牧死後，趙蔥居然臨陣脫逃，趙王只好將邯鄲割讓給秦國。隔年，秦國又派兵攻趙，俘虜了趙王。趙國流亡的大臣們於是立公子趙嘉為代王。然而不久之後，秦王嬴政攻打趙嘉，趙嘉不敵，投降秦國。趙國於是宣告滅亡（西元前228年）。

魏王孤注一擲，楚王骨肉相殘

嬴政即位之時，連續四年進攻魏國，當時秦將蒙驁先後攻占了魏國二十多個城池，納為秦國版圖，設置了東郡。在那之後，魏國和韓、趙、楚聯合出兵秦國，也被秦軍擊潰，秦將蒙驁在這場戰爭中傷重不治，嬴政便派楊端和接替攻魏的任務。

魏國在連年戰爭中失去了許多土地，魏王心生恐懼，為求自保，甚至割地向嬴政求和。

　　嬴政在位二十二年之後，已經兼併了韓、趙兩國，接下來嬴政開始計畫吞併積弱不振的魏國。

　　秦將王賁建議：「大王，魏國雖然是個不足為懼的小國，然而魏國人民卻相當有向心力。日前我方密探也曾來報，韓、趙滅亡之後，魏王將所有人力物力都集中到了魏都大梁城，打算死守大梁城，奮力一搏。」

　　嬴政聞訊，便說：「魏王將自己封閉在隔絕的環境中，豈不是打算做困獸之鬥嗎？愛卿有何攻城的妙計啊？」

　　王賁回答：「大梁城堡壘堅固，崗哨嚴明，我軍若是轉守為攻，恐怕沒有勝算。大梁城內物資豐厚，最起碼可維持數年之久，若是轉攻為守，徒然耗費我方軍力。」

　　嬴政聞言，怒從中來，拍桌

大罵：「難道我強秦就沒有辦法對付一座區區的大梁城嗎？寡人豈不成了各國的笑柄？」

王賁趕忙建議道：「大王，臣有一計。大梁城地勢低窪，土壤潮溼，若是引大水入城，必定可以逼出魏王。」

嬴政一聽覺得有理，於是採納了王賁的建議，並任命王賁為大將軍，前往攻魏。

這一天，魏王隱約感到不安。他率兵撤守到大梁城已經數月了，身為一國之君，放棄了其他城池，即使最終能保全性命，實在也不是件光榮的事。然而若是以死謝罪，又未免不負責任，況且魏國人民還引頸企盼著勝利的到來呢，看來目前也只有繼續死守大梁城了。

正當魏王坐立難安，心焦如焚的時候，守城士兵跟跟蹌蹌的衝了進來，大叫：「大王！不好

了！秦兵在城壁上鑿了個大洞，還用木板架設了一座塔樓，上萬士兵輪流提桶接水，把水倒進城裡來了！」

魏王聽完，嚇得癱坐在椅上，喃喃自語：「怎麼會這樣呢？嬴政存心要滅掉我們魏國啊！」接著他站起來，向手足無措、亂成一團的大臣們說道：「眾卿不要驚慌，區區幾桶水就想淹沒我們大梁城，嬴政也太小看我們魏國了。明天太陽一出來，地上的水就乾了，哈哈！」魏王自我安慰的說著，可是他心裡明白，嬴政這個人從來不做沒有把握的事。

隔天一早，太陽升起，秦兵仍在接河水灌城，大梁城因為地處低窪，土地原本就潮溼，根本無法再吸收多餘的水分。幾天後，水都淹到了人民的膝蓋，魏王即使居於深宮之中，每天耳邊都能聽到人民的哀嚎。更可怕的

是，大梁城此時突然爆發了傳染病，患者發高燒，上吐下瀉，疫情一發不可收拾，宮裡的幾位大臣也感染了疾病，並且相繼死亡。危急之時，秦兵卻毫不手軟。魏王生性膽小，他認為長久下去，恐怕連自己都難逃一劫，於是便不顧眾人的反對，決定開城門投降。就這樣，秦國不費一兵一卒，占領了魏國（西元前225年）。

與秦國接壤的韓趙魏三國依序滅亡了。最後一個與秦國接壤的國家是南方的楚國。楚國的疆域比秦國大兩倍，在春秋時期和秦國一樣，被視為蠻夷之國，爾後也和秦國一樣，異軍突起，成為強國，其國力在戰國時期達於鼎盛，可與秦國相抗衡，因此成為秦國的勁敵。

楚國疆域雖然遼闊，物產豐富，王室內部卻相當紛亂。相國春申君正因為國君考烈王沒有兒

子而憂心忡忡，於是便到處物色適合的女子送進宮中。有一個趙國人名叫李園，他向春申君推薦自己的妹妹進宮服侍楚王，沒多久之後，這名女子終於生下了王位繼承人，李園也成了國舅，身價水漲船高，甚至和春申君平起平坐。然而李園是個野心勃勃的人，他一心想掌權，因此春申君就成了他的絆腳石。

有一次，門客朱英告訴春申君：「大人您做楚國的相國已經三十多年了，是楚王和人民的依靠。如今李園靠著裙帶關係受到重用，相當仇視您，恐怕會加害於您。」

春申君是個仁慈而寬宏大量的人，他回答道：「李園是我提拔進宮的，感激我都來不及了，又怎麼會害我呢？」春申君不疑有他，根本沒有提防李園。

幾年之後，考烈王去世，正

當春申君前往棘門＊弔喪時，門邊突然衝出一群蒙面刺客，將春申君殺死了。當然，這些殺手正是李園安排的。

考烈王死後，幽王繼位，幽王在位十年之後也死了，於是他的同母兄弟哀王繼位，哀王在位僅兩個月，堂弟負芻將他殺害，篡位為楚王。

骨肉相殘的悲劇對嬴政來說並不陌生。造反自殺的成蟜對嬴政來說，始終是揮之不去的陰影。如今楚王負芻殺兄自立的舉動，讓嬴政想起了當年的成蟜，因此對楚王更加反感和不屑。

這一天，嬴政在朝廷之上詢問將軍們：「眾位愛卿，我軍若出兵攻楚，需要多少兵力？」

老將王翦（王賁的父親）回

＊古時君王在住所門口安排守衛並插上矛戟，因此稱為「棘門」。

答：「楚國地大兵強，因此需要六十萬兵力。」

嬴政笑著對王翦說：「將軍您真是老囉，對付楚國那個逆賊負芻，十萬兵力已足夠，何須六十萬呢？」

王翦身為秦國老臣，卻受到嬴政的戲謔，於是傷心的告老還鄉。

王翦告老之後，嬴政便派蒙恬和李信等年輕將軍率領十萬人馬進攻楚國，沒想到楚兵人強馬壯，蒙恬等人竟然敗下陣來。這一敗非同小可，震驚了秦國上下，嬴政後悔莫及，趕忙親自駕馬前去拜訪王翦，向他致歉：「老將軍請原諒寡人昏昧無知，所以讓秦國遭受到奇恥大辱。請將軍重披戰袍，為寡人上陣殺敵！」

王翦看嬴政如此重視他，心裡感到相當高興，於是回答：「老臣這一生兵馬倥傯，甘之如飴，

大王您雄才大略，眼見統一天下有望，微臣更應當遵旨上陣，然而老臣尚有一事相求。」

贏政趕忙說:「將軍請講。」

王翦答道:「臣不改初衷，攻楚必須得有六十萬大軍。」贏政二話不說，當下就答應了。

出發攻楚那一天，贏政親送六十萬大軍離去。王翦領兵至楚國之後，卻按兵不動，無論楚軍如何挑釁，他就是不出兵。楚軍以為王翦害怕了，於是西行向東，王翦卻暗中跟在楚兵後方，趁其不備時發動攻擊，終於大敗楚軍，占領了楚國的城池，俘虜了楚王負芻。

楚王被俘之後，楚將項燕在江南擁立負芻的弟弟昌平君為楚王，繼續抗秦，贏政於是又派王翦前往攻打，項燕兵敗自殺，昌平君也死了，楚國在這一年正式宣告滅亡（西元前223年）。

燕荊軻刺秦，齊后勝通秦

　　嬴政在兼併韓趙魏楚四個國家之前，遠在中國東北方的燕國早就有了危機意識。燕王喜是個庸碌無能的君王，國家大事幾乎都由太子丹打理，太子丹的性情浮躁，不能深謀遠慮。他小時候曾被送往趙國當人質，和在趙國長大的嬴政是兒時玩伴，所以他對於嬴政統一天下的野心感到相當憤怒，不打算坐以待斃。有一天，他的老師鞠武向他推薦了一位燕國的隱士田光，田光結識一位俠客名叫荊軻，荊軻願意代表燕國出使秦國，並趁機刺殺嬴政。

　　然而燕國出使秦國的名義為何呢？荊軻對太子丹說:「秦國正在捉拿逃亡到我國的將軍樊於期＊，不如就獻上樊於期的人頭和督亢＊的地圖，必能取信於秦

王。」

太子丹說：「樊將軍歸順我國，怎麼可以藉故殺了他呢？這樣我豈不是不仁不義？」

於是荊軻便自行前往求見樊於期，並說道：「嬴政真是太狠毒了，當年居然誅殺了樊將軍全家，如今又覬覦六國的土地。太子丹正在發愁，不知該如何保全燕國呢？」

樊於期明白荊軻的暗示，於是主動說：「太子丹對我有情有義，若是有我幫得上忙的地方，請先生不要客氣。」

荊軻一聽，立刻跪在地上，向樊於期請求：「將軍您真是深明大義！鄙人我將要前往秦國刺殺

＊據說樊於期就是秦將桓齮，在秦王嬴政十四年時曾帶兵攻趙，卻被趙將李牧打敗，他害怕兵敗被殺，於是逃往燕國。
＊督亢是燕國土地最肥美的一座城池。

嬴政，卻不知如何取信於他，所以我需要先生您的首級。」

樊於期知道自己的深仇大恨終於得報了，便拔劍自刎。

於是荊軻帶著樊於期的人頭和督亢的地圖，身邊跟隨著一名勇士秦舞陽，在易水邊辭別了太子丹，西向入秦。過了好幾個月後，才抵達了咸陽城。

嬴政看到燕國派遣使節前來進獻樊於期的人頭和督亢的地圖，心裡相當高興，便要求荊軻走上前來，為他解說督亢的地圖。秦舞陽見荊軻走向秦王，心中愈發緊張起來，雙腿不住的顫抖，荊軻害怕會因此而洩漏了大計，便趕緊向秦王解釋：「我們這些北方小人，一輩子沒見識過大場面，所以會感到害怕，還請大王見諒。」荊軻邊說，邊將捲好的督亢地圖慢慢展開，而嬴政也興奮的等待著，時間一分一秒的過

去，督亢的地圖繪製得相當細緻華美，而荊軻的解說即將進入高潮……。

　　突然，荊軻冷不防的將暗藏在卷軸底部的短劍抽出，迅雷不及掩耳的刺向贏政，割破了贏政胸前的衣服。贏政嚇得翻倒在地上，伸手想拔出身上的劍，可是衣袖太長，一時之間竟然抽不出劍來，兩旁侍衛又無法上殿*，只能眼見發了狂似的荊軻和秦王在宮殿上彼此追逐。

　　宮殿門口的守衛見狀，趕忙將劍丟給秦王，秦王拿到劍，一轉身就砍傷了荊軻的左腿，荊軻負傷，倒臥在柱邊，但他仍不放棄，將手中的短劍射向贏政，卻被贏政閃了過去，荊軻眼見刺殺無望，仰天大笑:「樊將軍，我辜

*贏政為了安全的考量，規定帶刀的侍衛未經允許，不得上殿。

負了您的期待和成全啊！」他的笑聲尚未結束，就被衝上前來的士兵給刺死了。

　　荊軻一死，嬴政便派王翦發兵擊燕，在易水之西大敗燕軍。燕王喜和太子丹向東撤退，此時有人建議燕王殺掉太子丹，好向秦王求和，燕王昏聵，竟然真的殺了太子丹，並將太子丹的人頭送往秦國，誰知道嬴政並不領情，依然大舉揮兵進擊，很快的就抓到了燕王喜，燕國自此消失（西元前222年）。

　　六國之中的齊國地處東海，和秦國距離最遠。齊王田建明哲保身，從不參與其他國家抗秦的計畫和戰爭，也因此齊國數十年來，始終處於休養生息的狀態。韓、趙、魏、楚四國被滅之時，齊王自知難逃一劫，便打算向秦國投降，大臣們認為此舉萬萬不可，便上奏齊王：「齊國的土地有

四千里，軍隊人數超過百萬，並非沒有與秦國一戰的能力。更何況韓、趙、魏等國的宗室大臣們在齊國避難的很多，他們對秦國恨之入骨，如果大王您給予他們支援，他們必定會為了光復國土而拼死一搏。這時我們齊國再趁機西進伐秦，就算秦國能全身而退，國力必定大衰，秦王嬴政也會顏面盡失。如此一來，必可發揚齊國國威於天下，又何必要向秦王稱臣納貢呢？」

無奈齊王沒有信心，聽不進賢臣的諫言。而當時齊國的相國后勝被秦國收買，所以就建議齊王不用加強戰備，也不要和其他國家的遺民共同舉兵抗秦，沒想到齊王居然採納了他的建議。

燕國被滅後，嬴政命令王賁轉而南下攻齊。秦軍勢如破竹，眼看就要打進齊國來了，齊王不但不反抗，還令全軍投降。嬴政

將齊王流放到共邑，齊國就這樣滅亡了（西元前221年）。

歷經了九年的戰爭，嬴政在三十九歲時完成了統一大業，結束了群雄割據的局面，從此天下定於一尊。

# 做一名像樣的帝王

　　僅僅花了九年的時間，嬴政就統一了天下，結束春秋戰國時代諸國林立的局面，並且以「秦」為國號。

　　這樣巨大的轉變，所有人都始料未及，然而這卻不是嬴政一個人的功勞。簡單說來，我們可以分析出幾個原因：

　　一、早在數百年前，秦國的先祖就已經穩固了秦國的江山，打響了秦國的名聲，使得眾人「聞秦喪膽」。

　　二、春秋時期，中國由數百個小國和部落組成，而漸漸過渡至春秋五霸。戰國時期又形成了數十個小國過渡至戰國七雄的局面，國家數目越來越少，規模卻越來越大，也證實了統一

是必然的趨勢和唯一的結果。

三、各國長年征戰不休，老百姓過著顛沛流離的生活，內心相當渴望和平，而單一的政府可以帶來這種保障。

四、被滅亡的六國仗勢著悠久的歷史和光榮的傳統，缺乏用人的智慧，更沒有自知之明。相反的，秦國卻是依靠著各國人才的效力和獻計，才能實現統一天下的宿願。

五、嬴政不是一個端坐在王位上，只知享樂縱欲的君王，他是一個嚴以律己，同時也嚴以律人的君王。

嬴政雖然統一了天下，然而，真正的考驗還在後頭。嬴政要如何整頓這個原本不屬於他管轄的土地呢？他又要如何調整心

態，面對這塊土地上的多元文化呢？畢竟，他已不單單是秦王了，他是天下人唯一的王。

實施中央集權

有一天，秦王嬴政端坐在朝廷之上，意氣風發的對眾大臣說：「寡人終於在有限的生命中完成了心願，如今總算平定了天下，這實在是咱們秦國列祖列宗的保佑啊！寡人認為，既然天下已經改頭換面，就得有嶄新的制度來配合，身為一國之君，要時時刻刻積極進取，千萬不能怠忽職守啊！否則就會和六國的君王一樣，落得身死國滅的下場，豈不是很悲慘嗎？」

眾大臣一齊回答道：「大王所言甚是！」

嬴政聽到大臣們的肯定，心中更是欣喜。自從十三歲即位之後，每天都為了戰爭而憂心操

勞，如今他總算可以好好規劃其他事情了。於是他說：「古人曾經說過：『不能確定身分的話，說的話是沒有分量的。』所以首先必須改變寡人的稱號。」

　　嬴政此言一出，眾臣便交頭接耳的討論起來。過了一會兒之後，丞相王綰和廷尉李斯共同上奏說：「上古有天皇，有地皇，有泰皇，而泰皇是人世間最尊貴的稱呼，所以臣奏請大王將稱號改為『泰皇』，自稱為『朕』*。而大王您的命令就稱為『制』和『詔』。」

　　嬴政聽來，覺得不妥。因為如果將稱呼改為泰皇，豈不是又和古人的觀念相同了嗎？於是他

＊春秋戰國時期，各國君主都自稱「寡人」，意思是「寡德之人」，以表示謙虛之意。而「朕」這個字在古時候是「我」的意思，所有人都可以用，沒有階級的分別。然而秦始皇之後，中國歷代皇帝開始以「朕」自稱，於是成為君主專用的稱呼了。

搖搖頭說：「朕認為『泰皇』並不妥當，眾卿必須明白，朕最不願意做的就是依循古人的看法而不求進步。如今時代在改變，我們也要跟著變，否則就無法凸顯我朝的優點。」他接著說道：「朕認為去掉『泰』字，保留『皇』字，就叫『皇帝』好了，你們覺得如何啊？」

眾大臣瞭解嬴政的個性獨斷，說一不二，是個相當固執的人，如今他既然選擇了一個滿意的稱呼，大家當然不必、也不敢反對。

嬴政看到眾臣敬畏的眼神，內心更是得意！他接著說：「不過，還有一點讓朕感到相當不解，朕聽說上古時期的君王都有一個稱號＊，而沒有諡號＊，可是到了後來卻開始追加諡號，這樣子做，豈不是允許兒子去評論父親嗎？真是既失禮又不孝，朕絕

不能接受這種事！所以朕決定，從今之後，廢除諡法，而以次序代替。例如，朕是始皇帝，朕的兒子就是二世，孫子是三世、四世，直到千千萬萬世，這樣子不是很好嗎？」

就這樣，嬴政成為了眾所皆知的「秦始皇帝」。

帝號確立不久之後，丞相王綰上書：「六國諸侯滅亡不久，燕國、齊國和楚國這些遠方的地區如今正處於無人治理的狀態，實在令人感到不放心。微臣請求您能分封秦朝的宗室子弟前往治理，以免除叛亂的危機。」

秦始皇聽到王綰這麼說，內心覺得為難。的確，六國的土地若是缺乏管理，難保不會發生暴

放大鏡
＊「稱號」是一個人的別號，由長輩或自己所取。
＊「諡號」是君主逝世後，後人為他所取的名號。諡號是對君主一生品行和政績的形容。所以具有警惕君主的功能。

87

動，加上距離又遙遠，到時就算要前往剿平叛亂也來不及。不過若是分封王子們前往治理，豈不是又回到了從前的封建制度嗎？

　　秦始皇左思右想，卻想不到較好的辦法，於是他索性就將這個難題交給大臣們去解決。正當眾人你一言，我一語的進行討論時，廷尉李斯走上前，向秦始皇說：「臣請陛下三思啊！當初周朝的天子文王和武王就是因為分封了太多的子弟，結果造成兄弟之間彼此仇恨，甚至互相攻擊，因此導致了一連串的戰爭，最後連天子都阻止不了。所以臣認為若是要鼓勵王子或是功臣，只要賞賜他們爵位和金錢就可以了，根本不需要分封，如此一來，就不必擔心他們會在封地舉兵造反。」

　　李斯此言一出，秦始皇龍心大悅，於是他向所有人宣布：「廷尉李斯說得很有道理，朕好不容

易平定了天下，如果又要分封，豈不是自己給自己樹立敵人了嗎？依朕看來，眾卿還是放棄分封的念頭，維持郡縣制度*吧。」

秦始皇駁回了分封的建議，決定採行中央集權*的治國理念，並陸續確立了各單位首長的職掌。在地方，天下分為三十六郡，每郡設若干縣，由皇帝直接任命郡守。在中央，首長是「三公九卿」。「三公」就是丞相、太尉和御史大夫。丞相的職責是掌管朝廷百官，而太尉握有軍政大權，御史大夫則是丞相的助手。「九卿」則是奉常、郎中

放大鏡

＊**郡縣制度** 並非秦始皇的創舉。早在春秋戰國時代，各國就有郡縣制度了。戰國時代，各國基本上都已經不再採用封建制度，而改以郡縣制度代替。郡縣制度的優點在於可以保障君王統治國家的權力不受威脅，土地的規劃也較整齊，同時能掌握全國總人口數。秦始皇即位之時，秦國已經有了三十六郡。而各郡的最高行政長官就是「郡守」，由皇帝直接任命。

＊**中央集權** 是一種國家的政權制度，興起於秦始皇統一六國之後。特色在於權力完全歸於中央政府，而地方單位也必須聽命於中央。

令、衛尉、太僕、廷尉、典客、宗正、治粟內史、少府。奉常掌管典禮禮儀，郎中令掌管宮廷侍衛，衛尉掌管宮殿門口守衛的士兵，太僕掌管御車和御馬，廷尉掌管司法，典客掌管外交事務，宗正掌管秦朝王室事務，治粟內史掌管糧倉，少府掌管土地稅收。

「三公九卿」的制度形成了嚴密的政治組織，也開創了後世二千年官制的先河。

統一文化和經濟制度

秦始皇雷厲風行的施行中央集權的治國理念。每天他都要求官員確實監督各郡的行政單位，確保他們實施朝廷所發布的指令，他還命令官員每個星期都要派人回咸陽，親自向他報告各地施政的績效。

秦始皇是個努力認真的皇

帝，每天早晚都要閱覽各地的公文，還要求自己沒有看完一定的公文數量就不能休息。他雖然只是個三十九歲的中年男子，卻已經肩負起如此的重責大任，然而他卻不以為苦，就這樣日復一日操勞，他的身體健康也漸漸受到了影響。

即使秦始皇是如此認真治國，各地郡守仍然不斷的向他報告地方上發生的亂象，大多都是人民互相辱罵和鬥毆的紛爭，他才意識到，有一個更嚴重的問題尚未解決，那就是各國的文化差異。雖然這塊土地上居住著同樣髮色、膚色的人，但是因為語言文字不同，風俗民情也不一樣，再加上當初各國相互爭戰的舊恨，使得他們水火不容，彼此仇視。

秦始皇對這樣的現象感到心急如焚，於是他將李斯召來，開

門見山的問：「如今這些六國的遺民彼此互看不順眼，每天只知道打架鬧事，擺明了不把朕放在眼裡。各郡郡守也無能為力，現在都等著朕的指示。愛卿說說看有沒有什麼好辦法？」

李斯回答：「陛下，六國的人民無論語言還是文字都不相同，生活習慣更是如此。他們之所以聚眾鬧事並非是因為反抗陛下您，純粹只是溝通不良罷了！不過這些都是預料中的事，陛下不必煩心，只要從長計議，相信就可以解決。」

秦始皇聽到李斯這麼說，才稍稍寬心。他知道李斯是個值得信賴的人，也是個善於出謀劃策的臣子。秦始皇接著說：「那麼愛卿是不是有什麼主意呢？」

李斯回答：「有關六國的語言，因為人民的生長環境不同，所以需要時間來改變，況且語言

對於官員處理公務的影響並不大，所以不必操之過急。至於文字、度量衡、錢幣和車軌，卻必須馬上統一，否則有礙於我大秦官方指令的傳達，各地的貿易也會受到阻礙，不利國家經濟發展。微臣建議，馬上統一文字、度量衡、錢幣和車軌的制度和規模。」

秦始皇覺得李斯言之有理，於是和李斯討論了三天三夜，最後終於定下施行辦法。

首先秦始皇廢除了六國文字，改用「小篆」＊，並下令禁止六國人民使用與小篆字體不合的文字，小篆於是成為官方的正式文字。

統一文字之後，秦始皇也統

放大鏡 ＊小篆是李斯根據周太史籀的大篆，並簡化大篆筆畫而寫成的。小篆也叫做「秦篆」，字型長而筆畫厚重勻稱。秦國獄吏程邈為了節省書寫的時間，又將小篆的筆畫簡化，寫成「隸書」。

一錢幣的制度。戰國時代，各國錢幣主要分為刀形、圓形和劇形三種。秦國用的是圓形錢，所以秦始皇將天下的貨幣都改為圓形錢，而在錢幣中間開一個方口，用來象徵外圓內方，也就是我們常說的「孔方兄」。

至於度量衡方面，當初秦孝公用商鞅變法時，就已經有了統一度量衡的措施，於是秦始皇沿用商鞅的制度，並通令各地，一律以秦國的度量衡為準。統一度量衡，課稅時才能公平無誤。

秦始皇還將各國大小寬窄不同的車軌畫一，以免馬車因為尺寸不合而無法行走。

文化和經濟制度大致底定之後，秦始皇開始進行人口普查。普查採取登記的方式，登記的範圍可以細分為年齡登記、國籍登記、戶籍登記、服役登記等。

之後秦始皇增加賦稅的項

目，在秦國原有的禾稅、粟稅、酒肉稅、關市稅、山林川澤稅之外，再增加蠶桑稅、田租、人口稅、鹽鐵稅、運輸稅等等。戶籍登記及賦稅制度能確實掌握人口流動以及商業貿易的狀況，穩定了國家的經濟來源。

　　秦始皇還將人民改稱為「黔首」。放寬聚眾喝酒的禁令，讓人民在國家慶典時，若得到朝廷的許可，可以一起喝酒慶祝，稱做「大酺」＊。另外，他還將六國的兵器統統聚集起來，用火燒鎔，製成十二座金人，每座金人重達上千斤，秦始皇將它們擺在宮廷中，象徵六國已滅亡的事實。銷毀天下的兵器也有宣揚國威的作用，降低了六國人民叛亂的風險。後來，秦始皇還將十二

放大鏡 ＊為了預防叛亂，秦始皇規定平時不得三人以上聚在一起喝酒。

萬戶的有錢人都遷移到咸陽城裡，以方便政府管理，同時預防這些有錢人逃漏稅。

公布、實施了上述法令之後，秦始皇才真正感到安心。他更加讚賞李斯的辦事能力，尤其李斯對法律特別有一套，而依法行事永遠是最快、最有效的方式。對於一個還不穩定的天下來說，「法律」相當重要。

大興土木工程

秦始皇統一天下滿一週年了，可是他一點都不快樂。他生於趙國，長於秦國，熟悉的是秦、趙兩國的土地，身為秦國的國君，他不負眾望，完成了先祖統一天下的心願。但是，如今他卻每日埋首於公文之中，不間斷的忙著處理大大小小的瑣事，到現在「天下」長得什麼樣子他都還不知道，他居然還是天下人的

王呢！想起來真覺得可笑。秦始皇心想，總不能就這樣居於深宮，而終老一生吧？

秦始皇為此整日愁眉不展，他最寵愛的宦官趙高＊不禁關切的問：「陛下，是否因為公務太過繁忙，所以疲累了呢？還是身體哪兒不舒服啊？要不要召御醫來給您把把脈？」

秦始皇若有所思，根本沒聽見趙高正在對他說話，所以依舊雙眼望著窗外，一副失魂落魄的樣子。

趙高知道秦始皇有心事，而他的職責就是讓秦始皇開心。於是，他提高音量，再次問道：「陛下，今日是不是哪裡不舒服啊？要不要召御醫來？」

秦始皇終於回過神來，為了

＊趙高的身世不詳，傳說他是趙國人，和秦始皇在趙國一起長大。

掩飾他魂不守舍的窘態，他一臉嚴肅的對趙高說:「朕正在為國家大事煩心，你吵什麼吵啊!」

趙高趕緊跪下，畢恭畢敬的回答:「微臣該死，打擾了陛下。陛下如今您已是天下的王了，哪還有什麼需要操心的呢？這個時候您應該要放寬心，到處去看看，瞧瞧您所接管的天下到底是個什麼樣子?」

趙高此言與秦始皇的心意不謀而合，喜形於色，對趙高說:「的確是該出去走一走的時候了。」秦始皇略一沉吟，接著說:「但是，秦國地處西陲，交通不發達，要想一覽天下，談何容易啊!」

趙高知道秦始皇的憂慮後，便提出建議:「陛下何不派囚犯去建造幾條通往各國的大馬路呢？況且遲早總是要用到這些道路的呀!」

　　秦始皇覺得趙高言之有理，於是要各地郡守聚集該郡的囚犯，讓他們去興建「馳道」＊。為了節省時間，秦始皇要他們以六國舊有的道路為基礎，加以增修。

　　只用了一年的時間，各地的馳道就大致完成了。馳道是中國古代相當偉大的建築工程，同時也是最早的「國道」，它的作用在於發展全國交通，同時具有國防的意義，若是發生暴動或叛亂，軍隊可以藉由馳道儘速抵達鎮壓，而平時則作為統治者宣達政令之用。

　　沒多久之後，宮廷裡發生了一件驚天動地的大事——秦始皇派去尋找仙丹的燕人盧生回國了＊，但是他沒找到任何的仙丹妙藥，不過倒是帶回來一本書，他宣稱這本書是神仙所寫的，上面寫著「亡秦者胡」。這句話非

同小可，嚇壞了眾人，書中居然直截了當的預測堂堂的大秦會被「胡」所滅。

丞相李斯＊趕緊上奏秦始皇：「此書所說的『胡』，想必就是威脅邊境的匈奴。匈奴一直是中原各國的心腹大患，如今既然威脅到咱們大秦，臣請陛下把握時機，趕快派兵攻打匈奴，以絕後患。」

匈奴是中國北方的一個游牧民族，個性凶猛強悍，人人聞之色變，本來被稱為「胡人」，秦朝時改稱「匈奴」。戰國時期，燕、趙、秦三國在邊境都築有長

＊**馳道** 約有五十步寬，兩旁種有青松，青松以內是皇帝和王公貴族的專用車道，青松以外的平坦路面則允許一般人行走。車軌經過金屬加厚固定。馳道以咸陽城為起點，成輻射狀向各地展開。東至燕、齊，南到吳、楚，北抵九原，西通隴西，總里程約九千公里。

＊關於秦始皇派人尋仙丹之事，在下一章裡會有詳細的描述。

＊李斯在當時已為丞相。

城，以抵禦匈奴的侵犯。秦始皇統一天下之後，因為忙於內政，無暇顧及國防，沒想到如今匈奴竟然成了大秦的勁敵，威力不可小覷。李斯此言一出，秦始皇緊急召來大將軍蒙恬，下令讓蒙恬帶領大軍，向北攻打匈奴。

蒙恬和三十萬大軍一路浩浩蕩蕩，以雷霆萬鈞之勢向北方移動，果然在半路上就遇到了匈奴的軍隊，蒙恬毫不畏懼，率先上陣殺敵，秦軍勢如破竹，沒多久就將匈奴軍隊打跑了。

然而即使擊退了匈奴，秦始皇還是感到不安，所以他要蒙恬帶著囚犯和有罪的官吏，到河套去修築長城。增修長城只花費了兩年的時間，蒙恬把舊有的秦國長城和趙、燕兩國的長城連接起來，西起臨洮，東至遼東，綿延萬里，因此有「萬里長城」＊之稱。

　　秦始皇在短短十年之內，先後完成了馳道和萬里長城等宏偉的工程，好不得意！但是他隨後想起，從前巡遊天下時，走訪名山大川，看遍六國金碧輝煌的王宮，如今再回過頭看看自己居住的咸陽宮，咸陽宮的儉樸和莊重，此刻變成了簡陋和單調。

　　為此，他召來李斯和趙高，想聽聽他們兩個人的看法，李斯說：「陛下遊歷天下，眼界自然開闊不少，這是好事一樁。但是微臣認為，我朝歷代國君崇尚簡單樸實，絕不做無謂的浪費。咸陽宮是君王的住所，也是秦朝的精神堡壘，而陛下您在這座王宮裡完成了統一天下的大業。咸陽宮的意義重大，是他國王宮無法比

放大鏡　　＊秦朝之後，中國歷代都有增修長城的紀錄。現在我們觀光遊覽時所看到的長城，是明代修築的明長城，東起鴨綠江，西至嘉峪關，全長 7300 多公里。

擬的。」

　　此時站在一旁的趙高趕緊說:「微臣有另外的看法。陛下您是天下人的王,身分尊貴,人格偉大,怎麼能屈就於這座小小的咸陽宮呢?這樣豈不是浪費了廣大的土地嗎?也會讓天下人笑話我們秦國沒有水準啊!所以,微臣認為陛下應該另建皇宮,以彰顯您至高無上的尊貴。」

　　秦始皇相當滿意趙高的這番話。他認為,新的時代就要有新的作為,秦朝連馳道和長城都有了,區區一座宮殿又有什麼困難呢?況且他統一天下之後,還沒有好好犒賞自己呢。

　　這一天在朝廷之上,大家都看出了皇帝的心情很愉快,似乎有什麼喜事要宣布。果不其然,秦始皇絲毫不浪費時間,立即宣布:「朕認為咸陽宮太小,無法容納更多人。所以朕打算在咸陽的

上林苑＊中建造阿房的前殿，東西之間要有五百步寬，而南北之間要有五十丈長，最起碼要容納得下萬人才行。」秦始皇還將這座宮殿命名為「阿房宮」＊。

此刻，秦始皇好不風光啊！但也因他大興土木，勞民傷財而引起不少民怨。

放大鏡

＊上林苑是皇室打獵休憩的地方，川原秀麗，風景優美。秦惠文王曾在上林苑修建阿城，而秦昭襄王時將阿城開闢為王室庭園。

＊「阿房宮」的遺址在驪山附近，尚未建築完工，秦始皇就病死了。少子胡亥繼位沒多久之後，楚人項羽起兵抗秦，他在進入咸陽宮時，將阿房宮焚燒殆盡。然而近來考古發現，阿房宮所在位址只發現數片被燒過的土塊，而咸陽宮則發現大量燒過的土塊，因此推斷項羽所焚的應該是咸陽宮，而非阿房宮。而史籍上所記載阿房宮的面積應屬誇大。

5 外在的自信與內心的恐懼

　　秦始皇在短時間內為帝國量身打造了一系列的制度：三公九卿開創了中國二千年的中央政權，鞏固了歷代的帝制；統一文字紓解了六國遺民之間的紛爭；錢幣和度量衡畫一，促進了各地的經濟交流，保障了國家的收入來源。此外，他興建馳道，建立了全國的交通網；增建萬里長城，以加強邊防，保衛國家。

　　綜觀春秋戰國時期各國歷代國君，再也找不到第二個像秦始皇這樣有政績的君主了。

　　如今天下統一了，國家持續穩定發展，可是秦始皇還是不快樂。

　　秦始皇心想，即使自己是那麼高高在上，卻和所有人一樣，也要經歷生老病死的過程，無法

擁有永恆的生命。雖然現在統治天下，但更想永垂不朽。他日自己死後，整個帝國一定又會開始分裂，所有的心血也都白費了！秦始皇想到這裡，不禁打了個冷顫。從此他開始懼怕死亡的來臨。

死亡的陰影漸漸擴散開來，秦始皇每天都食不下嚥、夜不成眠，更常常做惡夢。他時常告誡自己要振作起來，不能就這樣被恐懼打敗。他也知道人終有一死，即使害怕也無濟於事。但在他自信的外表下，其實有一顆恐懼不安的心。

大行封禪，祈求平安

馳道完成之後，交通方便許多。秦始皇乘便巡遊郡縣，到了魯地時，興起刻立石碑以頌揚自己功德的念頭，於是召來魯地的讀書人一起討論。他們建議秦始

皇：「陛下是否聽說過『封禪』*呢？微臣認為陛下可以行此儀式，以展現您至高無上的君威。」秦始皇聽了，龍心大悅，於是決定挑選良辰吉日，率領文武百官到泰山*進行「封禪」。

　　封禪的儀式起源於春秋戰國時期，當時齊、魯兩國的儒生們認為泰山是全天下最高的山，而人世間最崇高的身分就是君王，也就是「泰皇」，所以君王即位時，都會前往泰山，在山頂上舉行祈禱的儀式，以祈求天地神明的保佑。

　　既然春秋戰國時的君王有舉行這種儀式的習慣，那麼秦始皇統一天下，自然是名正言順，也

放大鏡　　＊封禪　是帝王向天下人表示獲得天命所舉行的一種儀式。所謂「天命」，就是帝王因為自身的美德，而獲得了上天的承認，因此天神才會任命帝王做天下人的王。「封」是祭天的意思，「禪」是祭地的意思。

＊泰山　位於齊、魯兩國的邊境。

更有資格說自己是獲得天命的人，所以秦始皇二話不說，趕忙命人準備封禪時要用的禮器。

這一天，秦始皇的御用馬車行駛在寬敞平坦的馳道上，一路上風景優美，氣候怡人，一點兒都沒有想像中的顛簸和辛苦。秦始皇一行人浩浩蕩蕩的抵達了泰山。

泰山真是一座巍峨莊嚴的大山，四周是一片青蔥翠綠的丘陵地。秦始皇眼見如此美景，不禁感動起來，他發現自己還有好多地方都沒去過，而天下之大，他得花多少歲月才能走遍呢？但人生卻是如此短暫啊！

秦始皇要隨從和士兵們守在山腳下，他帶領著丞相等大臣和石匠，開始攀登石階上山，過了好幾個小時，一行人終於氣喘吁吁的抵達山頂。

山頂上有一些平整的大石

塊，其中幾塊刻滿了春秋、戰國時期各國君王的詔令和禱文。看到這樣的景象，秦始皇當然不願落於人後，立即命李斯宣讀詔文，並要石匠將詔令刻在大石塊上：

「皇帝剛剛即位不久，就制訂了完整的法律制度，臣子們也都能自我警惕而態度恭敬。皇帝在即位二十六年之後統一了天下，結束分裂的局面，天下人沒有一個不誠心歸順。

「皇帝決定要親自巡遊天下，所以在今天登上了泰山，站在山頂上，遍覽了東方的土地，此時臣子們開始回想往事，表彰皇帝偉大的功勳，並且記錄下來。

「皇帝的治國之道終於開始實行，在各方面都取得了很好的成績。整修馳道，便利了通行，而天下物產豐富，也要歸功於國

家有一套嚴明的法度。皇帝的品德真是既美好又光明啊！所以才能流傳於後世。

「後世的皇帝必須要恭敬的繼承這個優良傳統，而不能擅自改變。皇帝英明神聖，平定天下之後，又努力不懈的治理天下，日夜不休息，這一切都是為了國家長遠的利益著想啊！」

宣讀完詔令，秦始皇開始向上蒼祈求，祈求獲得神明的保佑，以延長壽命，並祈望自己能像曾祖父秦昭襄王一樣，成為長壽又有魄力的君王。

儀式結束之後，眾人緩緩下山，一路上秦始皇覺得心胸豁然開朗，整個人平靜許多，他認為冥冥之中，一定有神明在幫助他，於是秦始皇暗自下定決心，每年都要舉行封禪大典。

自從第一次封禪之後，九年之間，秦始皇總共五度巡遊天

下，在各地的名山上進行過五次封禪＊，正式將「封禪」變成官方的典禮。

封禪對秦始皇來說之所以如此重要，在於經由封禪，他可以向上天祈福，以獲得心靈上的寧靜，同時也達到宣揚君主威嚴的目的，刻石上頭的文字還可以流芳百世，這不就是秦始皇心心念念的嗎？

刺客偷襲和長生不死

秦始皇即位第二十九年的時候，他準備舉行第四次的封禪大典。他帶隊從咸陽城出發，前往之罘山。這一天，萬里晴空，一路上的景色更讓人心曠神怡。此時車駕安穩的行駛在馳道上，一行人浩浩蕩蕩，好不威嚴。秦始皇因為路程遙遠，感到疲倦，正在車中休息。

車隊行經博浪沙＊的時候，

突然看到遠遠的有個大鐵鎚正朝向秦始皇的車轎飛衝過來，車夫眼看情況危急，趕忙拿起馬鞭，死命的抽打馬匹，同時大聲狂叫。馬兒受到了驚嚇，到處亂竄，馬兒一亂，車隊也跟著大亂起來，才短短幾秒鐘，整齊畫一的隊伍頓時雜亂無章，而原本瞄準好秦始皇車轎的大鐵鎚，就這樣射偏了，一棒子打在裝載貨物的馬車上，馬車應聲碎裂，裡頭的東西都被砸得稀爛。

　　大家都被這飛來的橫禍給嚇呆了，一個個張大著嘴，半晌說不出話來。還在睡夢中的秦始皇

＊秦始皇是中國首次進行「封禪典禮」的帝王。秦始皇進行過五次的封禪典禮，有六次刻石的紀錄，分別是即位二十八年在鄒嶧山（山東鄒縣）、泰山（山東泰山）和琅邪臺（山東諸城）、二十九年在之罘山（山東煙臺），三十二年在碣石（遼寧省葫蘆島）、三十七年在會稽山（江蘇餘杭）。
＊「博浪沙」又作「博狼沙」，在今河南省原陽縣，位於韓國和魏國之間。

被劇烈的搖晃給驚醒，當他還搞不清楚發生了什麼事的時候，就看到李斯緊張的衝過來，在車轎外高聲詢問：「陛下是否無恙？」

秦始皇回答：「剛才是怎麼一回事，擾了朕的清夢？」

李斯聽見秦始皇「中氣十足」的質問，高興極了，他趕緊回答道：「陛下聖明，有驚無險，沒有被賊人所傷。」

秦始皇一聽，疑惑的說：「什麼賊人？從何而來？」

李斯回答：「賊人已經逃跑了。上蒼保佑，沒讓賊人得逞。」

秦始皇下轎察看，首先映入眼簾的是混亂的車隊，緊接著又看到眼前被砸爛的馬車，這支大鐵鎚只差幾公分就打中他的車轎，秦始皇不禁雙腿發軟，差點兒跌坐在地上。

秦始皇怒不可遏，當場大罵：「大膽的盜賊！居然無視於朕

的存在，還要出像荊軻一樣的卑劣手段。朕一心一意，只想好好治國，為天下人民謀福利，而這些刁民竟然不知好歹的想謀殺朕，真是可惡至極！傳令下去，儘快把這刺客*給朕找出來！」

這次的暗殺行動對秦始皇的打擊很大，他下令全國捉拿這名盜賊，卻毫無所獲。過了二年以後，一天，秦始皇微服出巡咸陽城，身邊只帶了四名武士，當晚投宿在蘭池的旅舍。這天晚上，秦始皇見窗外月色分明，空氣清新，便想出去走走，他召喚了兩名武士跟隨他到旅舍外的小湖邊散心。

在月光的照耀下，湖面波光

放大鏡

*據說這名刺客是受韓國的落難貴族張良指使前來暗殺秦始皇。張良的祖父曾做過韓國的宰相，秦始皇統一六國之後，張良一心想替韓國報仇。他四處遊歷，認識了一名大力士，這名大力士有一支重達百斤的鐵鎚，於是張良便和他商量好，要在秦始皇巡遊天下之時，埋伏在車駕經過之處，再趁機暗殺秦始皇。

粼粼，秦始皇被眼前的美景所吸引，便挽起衣袖，彎下腰來，打算用兩手捧起些湖水來喝。就在這個時候，他聽到身旁的大樹上傳來樹葉沙沙作響的聲音，緊接著，他感覺到身後似乎有人，正要一轉身，還來不及反應，就被刺客在衣袖上畫了一刀。隨身的兩名武士立刻撲向前來，很快的就殺了這名刺客。

到目前為止，秦始皇已經歷過三次驚險萬分的刺殺，第一次是燕國派來的荊軻，第二次是博浪沙的鐵鎚，第三次就是蘭池這個不知名的刺客。秦始皇深信，凡事有一就有二，有二就有三，也就是說，未來將會有更多的刺殺。更可怕的是，這些刺客如同鬼魅一般，來無影去無蹤，簡直讓人防不勝防，秦始皇心想，總有一天他一定會死在這些人的手上。

　　從蘭池回到咸陽宮後，李斯趕忙上前恭賀秦始皇，他說：「陛下洪福齊天，神靈護體。微臣以為，不如再一次進行封禪大典，以感謝諸神賜福給您，不知陛下以為如何？」

　　秦始皇聽到李斯這番話後，便冷淡的回答：「丞相你真是太天真了，如果上蒼真的要保護朕，就不會接二連三的出現刺客，而且這次的刺客甚至還割破了朕的衣袖，那麼下一次會怎麼樣呢？恐怕連朕的腦袋都會被刺客給割走吧！」

　　趙高看見皇帝這麼憤怒，不但不覺得害怕，還充滿自信的走上前，對秦始皇說：「微臣認為，與其舉行封禪大典，倒不如尋找長生不死的藥方。陛下您還記得從前曾經派遣齊國的方士＊徐市＊前往三神山上尋找仙人嗎？但是大概是因為路程太遙遠，所以徐

市到現在都還沒回來。微臣想再向陛下推薦一個燕國人，他叫做盧生，盧生毛遂自薦，願意替陛下去尋訪仙人羨門和高誓＊。」

秦始皇覺得趙高的主意不錯，若是能因此而求到仙丹妙藥的話，就可以維持長久的生命，到時候就算出現再多的刺客，也不必害怕了。於是秦始皇同意派遣盧生前去拜訪仙人，同時也讓韓生、侯公、石生三人去各地求仙藥。

三年之後，盧生回國了，他擔心秦始皇會因為他沒有找到仙

放大鏡

＊方士又稱「方術之士」，起源於燕、齊的沿海地區。方士擅長以養氣、煉丹等方式達到長生不老或成仙的目標，相傳他們能與鬼神交流。方士對於中國古代的醫學、化學、天文、軍事都有相當的貢獻。然而許多的方士其實只是為了一己之利而煽動蠱惑他人，反而造成社會動盪不安。

＊徐市是齊國的方士。秦始皇二十八年時，徐市上書給秦始皇，說海上有蓬萊、方丈、瀛洲三座神山，神山上面住著長生不老的仙人。他請求秦始皇分配給他童子童女數千人，他要帶著這些人前往求仙。

＊羨門和高誓是傳說中長生不死的仙人。

人而殺了他，於是他向皇帝解釋：「微臣前往尋找奇藥和仙人，卻總是找不到，我覺得好像有什麼東西妨礙了我一樣。要想解決這個問題，還需要靠陛下自己！陛下天縱英明，惡鬼絕對不敢靠近，惡鬼一走，仙人就來了。陛下統一天下之後，還得時常受到臣子們的打擾，實在是不得安寧，仙人當然無法靠近您。所以，微臣建議您要保持神秘感，不要讓臣子們知道您居住的地方，如此一來，仙人自然就會出現了。」

盧生這一席話，只是為自己沒能找到仙藥而脫罪，沒想到秦始皇卻深信不疑，還將咸陽城裡大大小小的王宮用天橋相連起來，以布幔覆蓋住，並下令侍衛不得說出他休憩之處，這一切，都是為了要尋求長生不死。

焚禁書‧坑方士

這一天，是秦始皇四十七歲的生日。朝廷內外喜氣洋洋，僕人們忙著擺桌置酒，樂官們正在給樂器調音，秦始皇也由僕人服侍穿戴寬袍大袖的冕旒袞服＊。生日對秦始皇來說，的確是一件值得慶祝的大事，因為這代表他又平安的度過了一年。

宴會開始，秦始皇和群臣舉杯對飲，氣氛和樂融融。這時有一位齊國博士淳于越上奏陳情：「微臣聽說，古代的君王會分封土地給子弟，這些子弟自然就成了君王的輔佐。陛下您貴為天下之主，然而秦朝的宗室子弟卻像是普通的老百姓＊一樣，到時候

放大鏡

＊「冕旒」是中國古代最尊貴的禮帽，帽沿前端鑲有垂落而下的玉絲繩。「袞服」是古代的禮服，即是龍袍。

＊淳于越的意思是指，秦國實施郡縣制度，宗室子弟們雖然有貴族的身分，卻沒有私人的土地。

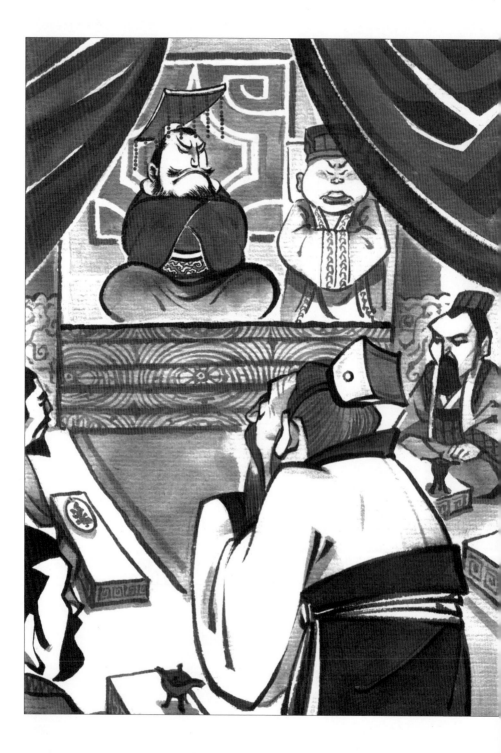

如果出現了像田常＊、六卿＊這一類的臣子，您的身邊又沒有輔佐的人，這時候該怎麼辦呢？微臣認為您若是不以古人為榜樣，行封建制度，國家將不會長久。」

　　秦始皇聞言，面露慍色。這個老博士居然在他生日這天，跑來教訓他，而且說的依舊是「分封」那些老套，實在掃興！秦始皇不耐的揮揮手，說：「眾卿討論這建議吧！」

　　幾分鐘之後，李斯回答：「從前的君王都是用不同的方法治理國家，這並不是因為他們要標新立異，而是因為時代在改變啊！

＊田常是春秋時齊國的大臣，在西元前481年殺了國君齊簡公，並改立簡公的弟弟為齊平公，田常自任為相國，還私自擴大自己的封地，隨後更殺害眾多的王公大臣，齊國政權因此落入田氏一族的手中，沒多久之後，田氏就篡位為齊王了。

＊「六卿」在本書第1章曾提及，指的是春秋末年晉國范氏、知氏、中行氏、韓氏、趙氏、魏氏六家。六卿之間彼此競爭，最後獲得勝利的是韓、趙、魏三氏，韓、趙、魏三家最後也瓜分了晉國。

淳于越所說的這些古老的制度，哪裡值得當今陛下您去效法呢？更何況現在天下已經安定了，法令制度又相當嚴明，百姓應該安居樂業，努力耕作才是，而讀書人也應該好好的學習法律制度。沒想到這些書生非但不以現代人為榜樣，反而還去懷念古人，甚至拿古人的道理來教訓陛下，微臣認為實在不恰當啊！」

　　李斯的看法正合秦始皇的意。李斯接著說：「百姓在家中私自收藏圖書的風氣越來越盛，每當政府頒布命令時，他們就會拿出古書裡的道理來反對，甚至閒暇時還會聚在一起批評朝政。陛下您若是不禁止這種現象的話，將來威望必定會受到影響。所以，微臣建議燒毀他國的史書，不屬於博士研讀的書籍也一律焚毀。老百姓有私自收藏古書的，就要求他們交出來。若有敢互相

討論古書內容的人一律處死，敢拿古書裡的詞語來批評朝政的人則罪及全家。」

秦始皇同意李斯的建議，於是頒布「焚書令」。焚書令規定，只有醫藥、占卜、種樹三種書籍不用燒毀。想要學習法律的人，一定要以官吏為老師，而不能私自拜師學習。

焚書令的對象是老百姓，而焚書的用意在於防止百姓有機會接觸到任何可能產生叛亂思想的書籍，警告那些拿古書上的道理來批評政府的人。至於官府裡的博士，還是可以學習到各類知識＊，而官府的藏書也依然相當豐富。

焚書過後，咸陽宮中又發生

放大鏡　＊漢高祖時制訂宮廷禮儀的博士叔孫通和漢文帝的丞相張蒼都曾擔任過秦國的御史，由此可知官府並未受到焚書令的影響。

一件令秦始皇非常生氣的事。由於秦始皇為求長生不死，召來許多方士，並且相當信賴他們。

有一天，方士盧生和韓生竊竊私語：「皇帝這個人啊，天性剛愎自用，自從兼併天下之後，更是不可一世，還重用獄吏。雖然朝廷裡有七十位博士，但只不過是裝飾品罷了。而官員們為了升官，根本沒人敢盡忠勸諫，所以皇帝總是看不見自己的缺點。而且天下之事，無論大小，都得由皇帝親自決定，他每天都要處理重達上百斤的文書，還規定自己沒看完這些公文就不能休息。你看看！皇帝貪戀權勢到了這種地步，我們可千萬別再去替他求什麼仙藥了。」

盧生和韓生這番話聽來「義正辭嚴」，卻透露了他們的恐懼和心虛。他們都是求不到仙藥的方士，為了隱瞞自己的失敗，所

以找了許多荒誕無稽的理由來搪塞秦始皇，但是日後難保不會被揭穿，到時候鐵定會被處死。

結果，他們兩人居然在三更半夜的時候相約逃走了！秦始皇聽到這個消息，氣得拍桌大罵道：「朕將這些方士召進宮來，禮遇他們，讓他們去尋找仙藥，結果韓生一去就是數年，連一點兒消息都沒有，而徐市耗費了國庫這麼多錢，也沒找到什麼仙藥。朕只看到了這些方士們互相告發的醜態，還有企圖牟利的詭計，更可惡的是，他們現在居然來毀謗朕，好讓天下人誤解朕！」秦始皇怒不可遏，接著說道：「朕曾經派人觀察咸陽城裡頭方士的言行舉止，發現他們很喜歡製造妖言，蠱惑百姓，朕決定要嚴懲這群人！」

於是秦始皇派御史一一審問咸陽城裡的方士，發現有四百多

人都犯了毀謗罪，也查到有一些儒生犯了「以古非今」的死罪，秦始皇為了殺雞儆猴，所以將這些人活埋，使天下人再也不敢毀謗皇帝。

秦始皇的長子扶蘇個性仁慈善良，覺得很不忍心，便上諫：「父王，天下剛剛平定，老百姓尚未完全歸附。您卻用重法來懲罰這些尊奉孔子的人，兒臣擔心人心不服啊！」秦始皇正在氣頭上，哪裡聽得進這些話＊！況且這些方士只是表面上尊崇孔子，骨子裡卻相當陰險。這些方士讓秦始皇很失望，但卻沒讓他對長生不死絕望。

放大鏡 ＊秦始皇坑儒之時，扶蘇曾直言上諫，秦始皇很生氣，便要他和蒙恬一起去監督修建萬里長城的工程。

6 末日的來臨

這一年，秦始皇嬴政已經四十八歲了。他漸漸感到無法集中注意力，身體狀況也不好，每日早朝的時候，總是精神恍惚，心神不寧。而且，自從「焚書」和「坑儒」之後，他發現臣子們看他的眼神中多了許多恐懼，即使如此，他還是勉強打起精神，聆聽臣子們的奏議，處理各地的公文。就這樣日復一日，他忽視了健康，完全投入在工作之中，因為他認為，這才是一個君王應該做的事。

日漸走下坡的身體狀況讓他預感到死神即將來臨，但他仍然期待能長生不死，因為他想要繼續統治這個國家。

無奈的是，秦始皇越想長生不死，內心就感到越無助、越封

閉，而他的情緒總是不好，也變得沒有耐心，甚至不願意信賴別人。臣子三番兩次的想提醒他注意身體，如此美意卻總是換來皇帝的憤怒，久而久之，再也沒人願意接近他，秦始皇和朝臣們越來越疏遠，而這種惡性循環，看來似乎沒有解決的辦法……。

這一年，秦始皇度過五十歲的生日。李斯建議他到南方進行第五次的巡遊和封禪大典，也好趁此機會到郊外散散心，秦始皇當下就答應了，他怎麼也沒料到，這竟會是他最後一次的巡遊。

秦始皇這一次的巡遊，陣容龐大，隨行的有李斯、趙高和秦始皇的小兒子胡亥。當他們一行人到達浙江*的時候，原本深沉

放大鏡 ——*浙江 就是錢塘江。錢塘江是中國浙江省的第一大河，以其壯觀的潮汐聞名世界。

平靜的江面突然變得波濤洶湧，四周狂風大作，將隊伍吹得東搖西晃，連站都站不穩。這個異狀讓秦始皇感到不安，他命令車隊從江水邊一條狹窄的道路快速通過，過程驚險萬分，而洶湧的浪潮在他們一行人通過之後，終於平靜了下來。而他們也平安登上了會稽山，順利舉行了封禪大典。

不過，秦始皇在刻石過後，突然感到全身無力，頭昏腦脹。他不顧大臣的勸阻，堅持要下山，但是精神恍惚的他卻差點兒踩了空，把眾人都嚇壞了。李斯眼看事態嚴重，趕忙上前攙扶秦始皇下山，還試圖說服秦始皇就近找個地方歇息。秦始皇卻堅持要北上前往泰山，去看看從前的刻石。

然而，天不從人願，一行人到了平原津＊的時候，秦始皇的

病情突然急轉直下，他開始發高燒，冒冷汗，最後竟然昏了過去。秦始皇這一病，大臣們個個是手足無措，他們怎麼也沒料到，不可一世、高大挺拔的皇帝，居然就這麼倒了下去。大家隱藏起恐懼的情緒，不敢過度驚慌，當務之急，是趕緊找個地方，讓皇帝休息養病。

　　秦始皇就這樣昏迷了好幾天，身上冷汗直流，口中夢囈連連，一點好轉的跡象都沒有。他夢到父親莊襄王在趙國餵馬的情景，也夢到美麗的母親被軟禁在雍城，孤獨落寞的神情，他還夢到相國呂不韋正在教導他如何做一個好君王。秦始皇很想念這些人，而如今他就快要和他們相見了。這一次，秦始皇覺得死亡並不可怕，反而是一種解脫。

＊平原津　在現今山東省平原縣附近。

秦始皇悠悠的睜開了眼睛，他知道他還不能死，因為有一件最重要的事他還沒做，那就是宣布下一任皇帝的人選。

秦始皇將李斯和趙高傳喚進來，要他們擬詔，詔書的內容是讓長公子扶蘇繼位為秦朝的皇帝。扶蘇心地善良，品格高尚，是秦始皇心目中的不二人選。詔書終於寫好了，秦始皇覺得內心相當平靜，也感到很滿足。他這一生，每天都努力去做一名好帝王，也總算沒有辜負先祖的期待。

沒多久，秦始皇在沙丘宮*裡駕崩了。他的遺容很安詳，一點都看不出來他曾經是這麼的畏懼死亡。

秦始皇怎麼也想不到，事情

放大鏡 ＊沙丘宮的遺址在今河北省廣宗縣，也是戰國時期趙武靈王駕崩的地方。

的發展會與他的預期有如此大的出入。

　　秦始皇駕崩後，丞相李斯害怕國內會因此發生暴亂，於是隱瞞秦始皇的死訊，下令巡遊的車隊按照原定的路線前進。秦始皇立扶蘇為繼承人的詔書則放在趙高那裡。趙高是個聰明卻陰險的官官，他是小公子胡亥的法律老師，因此兩人感情很好，所以趙高希望胡亥能當皇帝。

　　車隊即將抵達咸陽城時，趙高便跑來和李斯商量，他說：「丞相您曾經建議先帝焚毀老百姓的書籍，公子扶蘇因此對您非常不諒解。而我向先帝推薦了這麼多的方士去求仙藥，扶蘇也對我感到相當不滿。丞相您有沒有想過，若是讓扶蘇繼承王位的話，我們會有什麼下場呢？」

　　李斯早就知道趙高的詭計，就回答趙高：「公子扶蘇是個寬宏

大量的人，絕對不會和我們斤斤計較，您就別多心了！況且作臣子的怎麼可以違背先帝詔令，私自商議君王的繼位大事呢？這不是我們的本分啊，所以我不願意改立公子胡亥繼位。」

趙高見李斯不為所動，趕緊說道：「扶蘇個性仁厚卻不軟弱，還相當正直，即使他不會殺了我們，也不可能再重用我們！或許他會強迫我們告老還鄉也不一定。趙高我是個閹人，就算是死了也不可惜，但是丞相您身分高貴，經過了許多努力才擁有今天的地位，若是就這麼被罷了官，豈不是太可惜了嗎？而且扶蘇素來信任蒙恬，將來必定會讓蒙恬接掌丞相一職，到時候您不但官位不保，恐怕連子孫也會受到牽連。」

李斯聽到趙高這麼說，不禁害怕起來，他從以前就發誓要脫

離貧賤的生活＊，如今總算熬出頭了，此時丞相的寶座卻面臨威脅，他無論如何也不會輕言放棄，所以他向趙高徵詢解決的辦法。

趙高說：「公子胡亥是我一手教養長大的，他非常信任我，如果讓他即位，我們兩個人就能保有現在的地位。」

李斯經過一番掙扎之後，還是點頭同意了趙高的計謀。他們兩人篡改了秦始皇的詔書，將繼承人改為胡亥。趙高還派人到扶蘇那兒，宣讀秦始皇的「假」詔書：「先帝認為您辦事不力，將來必定會成為國家的恥辱，於是請

放大鏡

＊李斯年輕時曾看到廁所中的老鼠吃著髒東西，因為害怕被發現而驚慌的到處躲藏，反觀倉庫中的老鼠則悠哉的享用著稻禾。於是他感嘆貧賤生活的悲哀，並且發誓絕不做「廁中鼠」，而立志作「倉中鼠」。之後李斯入秦，幫助秦始皇統一天下，制訂制度。而他的子女也和秦朝的王子、公主結婚，他的地位可說是到達為人臣子的巔峰。

您自行了斷。」扶蘇感到既憤怒又悲傷，雖然蒙恬一再勸告他不可以聽信趙高的謊言，扶蘇卻覺得備受羞辱，於是拔劍自刎了。扶蘇死後，趙高隨後下令將蒙恬賜死。

　　秦始皇和扶蘇死後，胡亥在西元前 209 年，繼位為二世皇帝，年二十一歲。秦始皇一手建立起的大秦帝國，就此埋下覆滅的種子。

秦始皇

前 259 年	生於趙國邯鄲。
前 247 年	即位，為秦始皇帝。
前 246 年	鄭國開始築渠。
前 239 年	成蟜率軍攻打趙國。後聯合趙王叛變，兵敗，自殺。
前 238 年	嫪毐作亂，兵敗，遭五馬分屍。將太后幽禁在雍城。
前 237 年	罷免相國呂不韋。開始親政。接太后回咸陽甘泉宮。
前 235 年	呂不韋自殺。發現鄭國是間諜，下令逐客，李斯上〈諫逐客書〉。
前 230 年	滅韓。
前 228 年	滅趙。
前 227 年	燕太子丹遣荊軻行刺秦始皇，失敗，荊軻被殺。
前 225 年	滅魏。
前 223 年	滅楚。
前 222 年	滅燕。

前 221 年	滅齊。統一天下，結束了群雄割據的局面。創立「皇帝」稱號，自稱為「朕」。廢除君王諡號，以次序代替。採中央集權，行郡縣制。稱人民為「黔首」。積聚銷鎔六國兵器，製成十二金人。統一文字、貨幣、度量衡。統一車軌寬窄。將十二萬戶富豪聚集咸陽。
前 220 年	開始修建馳道。
前 219 年	東巡，登泰山封禪，刻石。派徐市率數千名童子童女前往三神山求仙。
前 218 年	於博浪沙遇襲。
前 216 年	在蘭池遇刺。
前 215 年	盧生獻上仙人所寫圖書，上有「亡秦者胡」之字。下令蒙恬北征匈奴。
前 214 年	蒙恬再次征打匈奴，並修築萬里長城。
前 213 年	下令燒毀民間除醫藥、占卜、種樹以外的書籍。
前 212 年	坑殺方士與部分儒生。興建阿房宮。
前 210 年	巡行會稽，途經沙丘崩。李斯、趙高矯詔立胡亥為二世，賜太子扶蘇死。

獻給孩子們的禮物

「世紀人物100」

訴說一百位中外人物的故事

是三民書局獻給孩子們最好的禮物！

◆ 不刻意美化、神化傳主，使「世紀人物」
　更易於親近。

◆ 嚴謹考證史實，傳遞最正確的資訊。

◆ 文字親切活潑，貼近孩子們的語言。

◆ 突破傳統的創作角度切入，讓孩子們認識
　不一樣的「世紀人物」。

國家圖書館出版品預行編目資料

一統中國：秦始皇／景崇蘭著;簡志剛繪.——初版三
刷.——臺北市：三民，2022
面； 公分.——(兒童文學叢書／世紀人物100)

ISBN 978-957-14-4948-7 (平裝)
1. 秦始皇 2. 傳記 3. 通俗作品

621.91   96024920

世紀人物 100

一統中國——秦始皇

著 作 人	景崇蘭
繪 者	簡志剛
主 編	簡 宛

發 行 人	劉振強
出 版 者	三民書局股份有限公司
地 址	臺北市復興北路 386 號 (復北門市) 臺北市重慶南路一段 61 號 (重南門市)
電 話	(02)25006600
網 址	三民網路書店 https://www.sanmin.com.tw

出版日期	初版一刷 2008 年 3 月 初版三刷 2022 年 6 月
書籍編號	S781640
I S B N	978-957-14-4948-7

三民書局